SALVATORE CORTESINI

KOACH AZIONE

Come Migliorare La Qualità della Vita e
Ottenere Tutto Ciò Che Desideri

Titolo

"KOACH AZIONE"

Autore

Salvatore Cortesini

Editore

Bruno Editore

Sito internet

http://www.brunoeditore.it

Tutti i diritti sono riservati a norma di legge. Nessuna parte di questo libro può essere riprodotta con alcun mezzo senza l'autorizzazione scritta dell'Autore e dell'Editore. È espressamente vietato trasmettere ad altri il presente libro, né in formato cartaceo né elettronico, né per denaro né a titolo gratuito. Le strategie riportate in questo libro sono frutto di anni di studi e specializzazioni, quindi non è garantito il raggiungimento dei medesimi risultati di crescita personale o professionale. Il lettore si assume piena responsabilità delle proprie scelte, consapevole dei rischi connessi a qualsiasi forma di esercizio. Il libro ha esclusivamente scopo formativo.

Sommario

Prefazione — pag. 5

Introduzione — pag. 8

Capitolo 1: Come la storia insegna — pag. 13

Capitolo 2: Come innescare l'azione — pag. 27

Capitolo 3: Come sfruttare l'esperienza — pag. 39

Capitolo 4: Come sprigionare il potere dentro di te — pag. 45

Capitolo 5: Come ci controllano le convinzioni — pag. 53

Capitolo 6: Come avviare un business — pag. 60

Capitolo 7: Come comunicare e vendere efficacemente — pag. 83

Capitolo 8: Come generare ricchezza — pag. 105

Conclusione — pag. 113

Ringraziamenti — pag. 116

Prefazione

A prima vista, questo meraviglioso libro può apparire nulla di più di una serie di semplici e piacevoli azioni da compiere. Ma quest'impressione è solo l'inizio di una strada da percorrere per raggiungere il miglioramento e la felicità in ogni aerea della nostra vita.

Ho appena raggiunto l'obiettivo straordinario di scrivere il mio primo libro, assieme ad altri imprenditori, dove sono menzionati i fallimenti e i successi in un business per dare la possibilità ai giovani imprenditori di non commettere gli errori che abbiamo fatto noi ma, viceversa, di percorrere la stessa strada per raggiungere il successo.

Se prima ero una persona piena da impegni e di difficoltà – che incontravo nel percorso sia professionale, sia personale – adesso riesco a superare qualsiasi ostacolo e ad avere piena fiducia in me stesso e ho raggiunto un alto livello di autostima e di libertà finanziaria, applicando alcune tecniche che sono contenute in questo libro, e che ho acquisito con coach di fama mondiale come Anthony Robbins, Brian Tracy, Robin Sharma, Robert Cialdini e altri.

Guidare il cambiamento è un metodo fatto da poche azioni che conducono a raggiungere nuovi obiettivi di vita personale e professionale. Ma qual è il collegamento con la maggior parte di noi stessi? Tanto per cominciare, con un atteggiamento mentale positivo si può iniziare a intraprendere una nuova strada di successo, se si conoscono le giuste strategie.

Mentre ti godi la lettura, probabilmente finirai per individuare quali sono le azioni da intraprendere per migliorare il tuo standard di vita. E non dimenticare di condividere le azioni con le persone che vivono e lavorano con te, perché alla fine tutto funziona meglio quando si è in sintonia.

L'era dell'informazione in cui viviamo è la più diffusa e veloce che il genere umano abbia mai avuto negli ultimi sessanta anni di storia. Siamo in un momento di vero spartiacque nella storia, con un'economia che, per la maggior parte di noi, si trova in costante cambiamento. Quello che sta accadendo sotto i nostri occhi nell'economia globale è senza precedenti ed è quasi impossibile fare paragoni con gli anni pregressi.

Tv, radio e social danno notizie in cui utilizzano le parole "crisi economica", suscitando paura e incertezza, creando una situazione di timore, panico, ira o frustrazione. E lasciandoci con una domanda: «Cosa faccio adesso?»

L'obiettivo di questo libro è farti acquisire le informazioni su come ottimizzare la qualità della tua vita; pertanto non insegnarti come sopravvivere, ma come avere successo.

Salvatore Cortesini

Introduzione

Rivolgo a te, che sei una persona di successo, il mio caloroso benvenuto. Complimenti per avere preso l'impegno di compiere un salto di qualità nella tua vita e nella tua impresa. Insieme, stiamo per intraprendere un viaggio straordinario alla scoperta delle strategie, dei sistemi e delle risorse che non solo faranno aumentare il successo della tua azienda, ma ti procureranno una straordinaria sensazione di realizzazione.

Il nostro pianeta è abitato da sette miliardi di persone, ma poche di queste hanno il compito di gestire un'azienda. È uno degli impegni più difficili che ci siano! Bisogna trattare con persone diverse, ciascuna delle quali ha propri obiettivi, desideri, valori, regole, priorità, timori e preoccupazioni. Bisogna cercare di allineare queste persone, tenendo conto degli interessi di ciascuno, al fine produrre risultati.

Questo richiede molte energie, specialmente in un mondo che

cambia a una velocità senza precedenti nella storia. Ma ogni avversità, ogni insuccesso e ogni sofferenza fisica portano con sé il seme di un beneficio equivalente.

Lo straordinario Ralph Waldo Emerson, nato a Boston il 25 maggio 1803 e morto il 27 aprile 1882, è stato un filosofo, scrittore, saggista e anche noto poeta statunitense. Oggi è considerato una figura centrale nella cultura americana e il filosofo Stanley Cavell, che ha insegnato a Harvard, lo ritiene uno dei filosofi americani più sottovalutati. È stato tra i primi a proporre un'etica individuale basata sulla fiducia in se stessi e sulla discussione dei valori tradizionali. Ed è uno dei pochi ad averlo fatto mantenendo il rispetto per la vita e per l'esistenza.

Io ho vissuto un'esperienza che mi ha fornito i mezzi con cui potrei aiutare milioni di persone a convertire una sofferenza in un beneficio.

Mi sono trovato in un ospedale per la prima volta dopo 40 anni e ho superato una delle paure che mia madre mi aveva trasmesso: la convinzione che gli ospedali siano luoghi dove le persone vengono curate male. Durante il colloquio con il chirurgo, confessai la mia paura. Il medico, conoscendomi, mi disse che aveva già disposto l'intervento per la settimana successiva.

Ne fui sorpreso, ma dentro di me c'era qualcosa di diverso: accanto alla paura c'era una voce interiore che mi suggeriva che era giunta l'ora di superare quella stupida paura; perciò confermai l'appuntamento per l'intervento. Quando mi vide arrivare, il mio amico chirurgo rimase sorpreso e mi disse: «Sai, avrei scommesso che oggi non saresti venuto e invece devo ricredermi sulla mia convinzione. Sono certo che qualcosa è cambiato dentro di te».

Dissi a me stesso: «Salvy, se hai superato questa paura, che ti ha ossessionato per quarant'anni, da oggi avrai la possibilità di superare qualsiasi paura». E sì, caro lettore, ho condizionato la mia mente – o, come dice il mio mentore, ho plasmato il mio cervello – e ho creato un nuovo me stesso, con una nuova mente e una nuova convinzione: quella di poter affrontare qualsiasi paura perché Dio è dentro di me.

Dio mi accompagna nella mia missione di vita e sono certo che io darò a lui la mia energia nell'impegnarmi ogni giorno, ogni ora e ogni minuto per dare agli altri un aiuto. Aiuto la mia comunità, le persone a me care, la mia famiglia, i miei amici e le persone che incontro occasionalmente e quotidianamente, a me totalmente sconosciute, per contraccambiare all'universo ciò che mia ha dato durante il mio percorso di vita.

Il libro parla di azioni da compiere per raggiungere i propri obiettivi iniziando a riflettere sulla propria storia (Chi sono? Da dove vengo?), così come che ho fatto io, e mettere il proprio stato in un atteggiamento mentale positivo.

Cosa impari? Impari a conoscere le informazioni che sono utilizzate dagli uomini di successo in qualsiasi area della vita: dalla psicologia alla ricchezza.

Quali strumenti apprenderai? Apprenderai gli strumenti utilizzati da persone che, da uno stato di sfiducia, di pessimismo e di non accettazione della propria situazione, sono diventate sicure di sé. Imparerai ad aumentare l'autostima, ad avere la conoscenza in ogni area e ad agire da subito in modo da compiere quelle azioni che ti porteranno a vedere un cambio di rotta, a raggiungere un obiettivo che sembrava impossibile e che invece è diventato possibile.

Capitolo 1:
Come la storia insegna

Ogni storia racchiude in sé come siamo, come ci comportiamo e come pensiamo. Ora ti racconto la mia storia, quella di un ragazzo vissuto nella povertà e nei quartieri più difficili per la sopravvivenza. Sono nato a Roma nel 1964, in un quartiere, San Giovanni ("Alberone"), dentro le mura romane.

La mia famiglia era composta da me, mio fratello Francesco e dai nostri straordinari genitori, papà Renato e mamma Marianeve. Mio padre è venuto a mancare nel 2008 dopo una lunga malattia, mentre mamma ci ha lasciato nel 2015. Erano due persone umili; mia madre lavorava come colf presso le case aristocratiche romane della famiglia Casali Sauro e Caterina e della famiglia Ferrarini, mentre mio padre commerciava prodotti alimentari.

Sono state persone straordinarie, hanno condiviso un lungo periodo con mia madre, a partire dagli anni '70, e sono loro grato per i preziosi consigli.

SEGRETO n. 1: scrivi in breve la tua storia per iniziare una riflessione: chi sono?

Hanno trasmesso, sia a me sia a mio fratello, delle credenze straordinarie, altre meno. Tanto per citarne qualcuna straordinaria, ci hanno trasmesso, fin da bambini, il costante dialogo interiore con Dio, oppure di perseverare in modo assiduo nel "dare" ai poveri o ai meno fortunati. Però, tra le altre convinzioni che mi aveva trasmesso mia madre c'erano la "paura" dei medici, più precisamente degli ospedali, e la paura del mare.

Mamma, nata a Torre Annunziata, una città sul mare non molto distante da Napoli dove ha trascorso la sua gioventù, avendo assistito a frequenti casi di annegamento o malori, era terrorizzata dal mare. Sono sempre stato un ragazzo ribelle e vivace, già all'età di sei anni trascorrevo la maggior parte del mio tempo per le strade del quartiere, con i miei amici, a giocare a pallone, a biglie oppure a "guardie e ladri", giochi creativi e di socializzazione. La scuola non era la mia passione e tantomeno lo era leggere.

Sicuramente non ho avuto degli insegnanti tanto brillanti da suscitare in me interesse e passione per lo studio. Il mio focus era crescere velocemente e andare a lavorare per acquistare una bella casa dove potere vivere e "dare ai miei genitori una sicurezza", visto che nei primi 15 anni della mia vita abbiamo traslocato ben 5 volte, di cui una dopo essere stati sfrattati dagli ispettori dell'Unità Sanitaria Locale.

I nostri coach sono stati i nonni materni. Trascorrevo gran parte del mio tempo insieme a mio fratello e ai miei cugini. Appena usciti da scuola, ci si radunava in casa dei nonni per mangiare e svolgere un brainstorming intorno a un tavolo, davanti a un piatto di pasta, e mentre nonna Nannina si dava da fare in cucina, nonno Salvatore, per tenerci calmi e tranquilli a tavola, si dilettava a raccontare delle storie.

I suoi racconti erano esperienze e storie del suo passato che rappresentavano in gran parte il suo attaccamento al gioco. A distanza di quarant'anni, ancora vedo il suo rammarico per aver usato gran parte del suo tempo prezioso nel gioco. Rivedo il suo volto rattristarsi per fare in modo che tutti noi ragazzi non intraprendessimo in futuro nessun tipo di gioco.

E così è stato, il suo proposito si è realizzato: nessun dei quattro nipoti si è mai dedicato ad alcun tipo di gioco. Nonno era un uomo integro e rispettoso del prossimo, sempre pronto ad aiutare le persone in difficoltà, onesto e sincero, e non voleva che le persone si approfittassero dei più deboli. I suoi racconti servivano per dare ai propri nipoti insegnamenti di vita.

Ascoltare le sue storie narrate con la pronuncia napoletana ce la fece assimilare. Ricordo che quando si andava a Torre Annunziata a trovare i parenti per quel breve periodo di vacanze estive, ci chiamavano i "romani" per distinguerci dai ragazzi del luogo perché parlavamo in un perfetto dialetto napoletano nonostante fossimo nati a Roma.

SEGRETO n. 2: l'insegnamento che ci viene dato è frutto di dove viviamo e con chi viviamo; la nostra forza sta nell'avere la consapevolezza di quello che siamo e di come possiamo

migliorare.

Nonno Salvatore aveva una visione: immaginava i suoi nipoti in un futuro migliore e nel benessere. Un giorno mi guardò e mi disse: «"Guaglione", ora che affronti il mondo ricorda che se hai 100 Lire devi acquistare un abito nuovo e delle scarpe, anche se non mangi, non importa, perché nessuno può sapere se hai lo stomaco vuoto, ma può dire che sei ben vestito».

Nonostante il suo essere analfabeta, era un genio della matematica; giocando al lotto analizzava le probabilità e la frequenza di uscita di un determinato numero. La sua missione era dare ai suoi amici e conoscenti i numeri che aveva appena studiato e che secondo lui sarebbero usciti nell'estrazione seguente. Le persone lo adoravano.

Una volta lo guardai e gli dissi: «Wow nonno, sei straordinario, ora con i soldi che hai vinto cosa farai?» E lui mi rispose: «Con questi soldi acquisto un giocattolo per mio nipote e il resto lo portiamo in chiesa da donare ai poveri». Il primo "inverno" che ho avvertito è stato quando mio nonno è morto e, sei mesi dopo, ho perso anche mia nonna. Entrambi gli eventi hanno rappresentato per me una crescita veloce.

Avevo solo 17 anni quando decisi di rispettare la "visione" di mio nonno e promisi a me stesso che sarei diventato un uomo di successo. Non sapevo come, ma dentro di me c'era qualcosa che mi diceva di spingermi oltre e di fare di tutto per raggiungere il sogno che avevo promesso a mio nonno.

SEGRETO n. 3: la visione è la forza di plasmare la mente su cosa si desidera realmente.

Ho iniziato l'attività lavorativa nel periodo delle vacanze scolastiche, prima come falegname e poi come impiegato presso una concessionaria Fiat, dove ho acquisito l'esperienza del linguaggio software con il sistema S400 dell'IBM. Già allora mi avevano offerto di diventare socio in una società informatica, proprio per la mia giovane età.

Dopo avere interrotto gli studi al IV anno di liceo – solo in un secondo tempo avrei conseguito il diploma di Ragioneria – ho frequentato un corso alla Camera di Commercio, ottenendo in un mese l'attestato di Agente di vendita e iniziando così l'attività presso l'azienda A.I.A. Spa.

Nel mio inconscio nutrivo l'ambizione di fare impresa e subito dopo, a soli 19 anni, ho iniziato l'attività di imprenditore. A 21 ho dovuto adempiere al servizio militare; anche in quell'occasione ho scelto la carriera militare "al top", assumendo delle responsabilità nel corpo di trasmissione della "Folgore", presso la caserma "Pisacane" di Livorno, con il congedo da Caporale Maggiore. La carriera imprenditoriale è un percorso di vita fatto di miglioramento e crescita personale, fino a voler raggiungere obiettivi sempre più ambiziosi e realizzare il proprio sogno.

La mia prima esperienza imprenditoriale l'ho vissuta nel gruppo familiare dove costantemente si svolgevano brainstorming intorno al tavolo della cucina, dove tutti condividevamo il nostro percorso allo scopo di trovare soluzioni vincenti.

SEGRETO n. 4: la costanza nell'apprendimento è la forza per raggiungere il successo.

Nel 1993, dopo un lungo periodo durato sette anni, avevo raggiunto il sogno che desideravo: creare un Master Mind con imprenditori eterogenei ma con la stessa *vision* nel realizzare una delle più importanti piattaforme logistiche del "freddo" in località Santa Palomba (Roma). Passai così da una realtà familiare e da società di persone (una Società in Nome Collettivo) alla realtà di una Società per Azioni.

La fame e la sete di sapere sono la chiave del successo. La mia fame era quella di curiosare, osservare e ascoltare persone che avevano avuto più esperienza e successo di me. Ed era quella di emulare i miei soci. Ognuno di loro aveva avuto successo nel proprio settore, ma con un unico comune denominatore: quello di creare e progredire.

Ho vissuto anticamere per un lungo periodo. Nonostante fossi un giovane socio, durante gli incontri strategici aziendali, l'amministratore delegato della S.p.A. mi faceva attendere fuori dalla porta e mi invitava a entrare solo alla fine dell'incontro, dandomi soltanto poche informazioni che dovevo eseguire. A soli 29 anni ero amministratore di una società di capitali, una Società a Responsabilità Limitata. Allora avevo le giuste attitudini nel relazionarmi con i funzionari dei più grandi istituti di credito e delle finanziarie, ma soprattutto avevo acquisito molta esperienza partecipando alle assemblee del Consiglio di Amministrazione e dei collegi sindacali, avevo competenze in fatto di analisi dei dati di bilancio, preparazione di business plan, budget di impresa e controllo del cash flow.

Ho svolto riunioni ogni settimana, per una crescita veloce. Alcuni argomenti trattati erano ripetitivi, altri nuovi; negli incontri veniva analizzato tutto ciò che era accaduto e lo condividevo con i miei collaboratori per cercare di trovare soluzioni vincenti. Negli anni successivi, i fatturati erano sempre più in crescita e l'espansione era costante.

SEGRETO n. 5: alleanza di cervelli e forze congiunte portano a raggiungere gli obiettivi desiderati in breve tempo.

Nel 2000, il nostro gruppo imprenditoriale, composto da sette soci, si è sciolto. Abbiamo deciso di eseguire una procedura di separazione consensuale e non giudiziaria. L'evento è stato causato dall'inserimento in azienda di alcuni componenti familiari (figli e coniuge) di alcuni soci, che hanno creato dubbi e sollevato osservazioni all'interno del team.

Nel 2008, con l'avvento della crisi economica e la costante perdita di risultato di bilancio di più di un milione di euro, abbiamo deciso di intervenire con il ridimensionamento dell'azienda e la compressione dei costi con la rinuncia ad alcuni appalti di lavoro anti-economici, acquistando così più tempo per focalizzarci con la massima energia nell'affrontare lo tsunami che ancora oggi è presente in alcune attività

Nel 2012, "la svolta". Sono grato a Dio che ha utilizzato la leva più importante e significativa, quella di mio figlio Renato, per me fonte di informazione e di ispirazione: mi dava delle pillole di saggezza che motivavano la mia curiosità, ogni volta che ci relazionavamo con i nostri incontri di *one-to-one*. Fino a quando ho preso la decisione di partecipare a un seminario del guru Anthony Robbins.

Ho visto cambiare la mia vita, iniziando un percorso di forte mutamento allo scopo sì di cambiare me stesso, ma soprattutto di sostituire tutte quelle credenze "del cazzo" che avevo acquisito dall'ambiente e dalle persone che avevo frequentato nel periodo della mia crescita, dai 12 ai 19 anni.

SEGRETO n. 6: vivere il cambiamento con l'atteggiamento mentale positivo e chiedersi: Cosa ho imparato? Cosa c'è di utile in questo cambiamento?

Nel 2014 sono stato coinvolto in una ribellione delle cooperative promossa dal sindacato di categoria, dove ci sono state rappresaglie. Anche in quel caso sono riuscito a gestire la situazione per evitare il peggio, grazie alla mia crescita personale e professionale. Ho iniziato a sviluppare così una tendenza alla leadership con i miei partner (fornitori) di lavoro e a dare loro la possibilità di cercare passione in ciò che fanno, affinché possano ottenere grandi risultati.

Ho iniziato a mettere in pratica ciò che acquisivo come formatore, non nel mio settore, bensì in quello della crescita personale, svolgendo incontri dove si parlava di come sarebbe cambiato il nostro lavoro nei prossimi cinque anni. La mia missione era dare a tutti la possibilità di accedere gratuitamente alle informazioni che avevo, ossia la formazione avuta dai coach mondiali nell'ambito della crescita personale, affinché potessero potenziare la qualità della vita, iniziando con il migliorare se stessi. Le riunioni avevano cadenza mensile ed erano sempre più frequentate, poiché molti avevano avuto degli ottimi risultati e trovato una fonte di ispirazione. Vedevo persone e intere famiglie contattarmi e ringraziarmi per avere dato loro la possibilità di migliorare la propria vita; ancora oggi provo una forte emozione al ricordo.

Le domande sono "potere"; con una giusta domanda si ottiene una giusta risposta. Inoltre le domande fanno crescere e forniscono i giusti consigli. Le 3 domande di potere sono:
1) Come posso risolvere questo problema?
2) Cosa c'è di utile in questo problema?
3) Che cosa non è ancora perfetto?

«La vita è troppo breve per non perseguire i propri sogni. Un giorno la tua vita si avvicinerà al termine e tutto ciò che potrai fare sarà guardarti indietro. Puoi riflettere con gioia o rammarico» (Jim Rohn).

Bene, ora desidero dare il mio contributo a tutti coloro che vogliono migliorare il percorso della propria vita e anche a quelle persone che ho già aiutato, affinché continuino a ottenere risultati eccellenti e utili con i semplici consigli che ho acquisito dai migliori formatori al mondo: sulla crescita personale, su come superare la barriera della paura, su come migliorare la qualità della vita e cambiare le credenze acquisite nel nucleo familiare e nell'ambiente dove si è vissuti, su come raggiungere il successo in ogni area della vita professionale e privata, su come applicare le regole del business, su come acquisire alcune tecniche di vendita e altre nozioni di ricchezza finanziaria.

SEGRETO n. 7: posso migliorare me stesso analizzando le credenze e le convinzioni che ho acquisito dalla famiglia, dagli amici e dall'ambiente in cui ho vissuto; la domanda è potere, che sia rivolta a noi o agli altri.

RIEPILOGO DEL CAPITOLO 1:
- SEGRETO n. 1: scrivi in breve la tua storia per iniziare una riflessione: chi sono?
- SEGRETO n. 2: l'insegnamento che ci viene dato è frutto di dove viviamo e con chi viviamo; la nostra forza sta nell'avere la consapevolezza di quello che siamo e di come possiamo migliorare.
- SEGRETO n. 3: la visione è la forza di plasmare la mente su cosa si desidera realmente.
- SEGRETO n. 4: la costanza nell'apprendimento è la forza per raggiungere il successo.
- SEGRETO n. 5: alleanza di cervelli e forze congiunte portano a raggiungere gli obiettivi desiderati in breve tempo.
- SEGRETO n. 6: vivere il cambiamento con l'atteggiamento mentale positivo e chiedersi: Cosa ho imparato? Cosa c'è di utile in questo cambiamento?
- SEGRETO n. 7: posso migliorare me stesso analizzando le credenze e le convinzioni che ho acquisito dalla famiglia, dagli amici e dall'ambiente in cui ho vissuto; la domanda è potere, che sia rivolta a noi o agli altri.

Capitolo 2:
Come innescare l'azione

Ho iniziato con 3 domande da porsi ogni mattina enunciando le 3 S : Stato, Storia e Strategia.
1. *Stato*: qual è il tuo stato mentale oggi e cosa sei disposto a dare?
2. *Storia*: qual è la storia che ti racconti questa mattina guardandoti allo specchio?
3. *Strategia*: quale strategia usi per ottenere i risultati che desideri?

Utilizzando queste 3S come punto di partenza, si è notato un miglioramento costante di tutto il team che partecipava agli incontri in modo assiduo, che ha innalzato notevolmente la loro performance e li ha portati a vivere una qualità di vita soddisfacente.

La tua forza interiore può far sì che le cose che desideri

ardentemente accadano, l'importante è modificare qualsiasi azione e vedrai che la tua vita oggi stesso cambierà.

Se hai il controllo del tuo atteggiamento mentale, potrai mettere sotto controllo quasi tutte le condizioni che influenzano la tua vita, incluse le paure e le preoccupazioni di qualunque natura. Il tuo atteggiamento mentale è il fattore principale che attira gli altri, se è positivo, o li respinge, se è negativo. E tu sei l'unico a poter stabile come sarà.

Esso ha un ruolo importante nel mantenimento di una buona salute fisica; anche la medicina ha studiato i fenomeni secondo cui l'atteggiamento mentale di un paziente è potenziante e, se è positivo, fa miracoli. Anche in uno stato di ansia o stress, in una situazione difficile, è risaputo che quando ci si mette a pregare si ha come risultato il capovolgimento della situazione: pur essendo in uno stato mentale negativo, si passa a quello positivo.

Dal tuo atteggiamento mentale dipende la possibilità di vivere una vita straordinaria o di vivere nell'ansia o nello stress in preda alla frustrazione e all'infelicità. L'atteggiamento mentale è il mezzo con cui si potrebbe condizionare la propria mente a non temere la sofferenza fisica durante un intervento chirurgico, com'è accaduto a me, che ho superato quella paura applicando un atteggiamento mentale positivo.

La nostra mente ci governa con il nostro pensiero, che condiziona se si desidera avere una cosa o raggiungere un obiettivo. Dobbiamo visualizzare la nostra visione a lungo, come mio nonno che, avendo visto nella sua mente cosa avrebbero fatto i suoi nipoti, ha condizionato il nostro pensiero facendoci evitare qualsiasi gioco utilizzando esempi banali ma efficaci.

SEGRETO n. 1: l'atteggiamento mentale positivo crea in noi una forza interiore straordinaria nel trovare soluzioni vincenti.

Un giorno, mentre ero in chiesa ad assistere alla funzione spirituale, il sacerdote nella sua disquisizione sul Santo Vangelo si soffermò più volte sul "pensiero", dicendo che l'essere umano è a partire dal pensiero che fa peccato, che agisce, che si comporta in un certo modo con il prossimo, ma se tutti i nostri pensieri fossero rivolti al prossimo il mondo sarebbe straordinario.

Come possiamo acquisire un atteggiamento mentale positivo e applicarlo per perseguire le cose che più desideriamo?

Con il controllo efficace dell'atteggiamento mentale positivo potremmo abituare la nostra mente ad affrontare ogni possibile negatività senza lasciarsi abbattere, inclusa la perdita di persone care. Conosco una famiglia che ha perso un figlio di nome Marco. Quando ho incontrato per la prima volta il papà, sembrava una persona tranquilla e appagata, sembrava tutto tranne qualcuno che ha avuto un dolore così forte; parlava dell'incidente del figlio, che poi è stato fatale, in un modo calmo e con un amore profondo. Io ero lì ad ascoltarlo e lo guardavo attentamente e mi domandavo come fosse possibile che un uomo che aveva subìto una perdita così grande mostrasse tanta serenità.

Con il tempo capii che dipendeva dal fatto che rivivevano il figlio costantemente, assieme agli altri: nei più svariati discorsi di qualsiasi natura usciva sempre il nome di Marco e, in questo modo, lo facevano rivivere con intensità nella loro vita e in quella degli altri, anche in quella di chi non aveva mai avuto la possibilità di conoscerlo, coinvolgendoli nei racconti.

La maggior parte delle persone vive tutta la vita con un atteggiamento mentale pieno di paura, ansia e preoccupazioni per i problemi che prima o poi si porranno. E la cosa più strana è che tutti danno sempre la colpa agli altri delle disgrazie che si sono procurati da soli con il loro atteggiamento mentale negativo. Se pensi da povero diventerai povero, se pensi da ricco attirerai ricchezza. In base alla legge eterna dell'attrazione, i nostri pensieri si traducono sempre in cose materiali che ne riflettono la natura. L'atteggiamento mentale positivo è l'abitudine a vedere le opportunità nascoste nelle cose spiacevoli e a valutare tutti i problemi distinguendo quelli che si possono da quelli che non si possono controllare, in modo che, anche se non è possibile controllarli, l'atteggiamento positivo non si trasformi in negativo.

Un atteggiamento mentale positivo si sviluppa creando l'abitudine a pensare ogni giorno credendo fino in fondo sia in quello scopo, sia nella propria capacità di realizzarlo. È il riconoscimento del potere universale dell'intelligenza infinita che si può orientare verso il raggiungimento di fini ben precisi tramite la fede.

Tutte le abitudini, buone o cattive che siano, partono dal nostro atteggiamento mentale. Questo è contagioso per telepatia e si trasmette da una persona all'altra senza bisogno di parole, segnali o azioni. L'atteggiamento mentale funziona sia in senso negativo sia in senso positivo, solo che la maggior parte delle persone accende più di frequente il tasto negativo. L'atteggiamento mentale è tutto, influenza costantemente tutte le esperienze che viviamo.

SEGRETO n. 2: un individuo diventa ciò a cui pensa per la maggior parte del tempo.

La paura di iniziare blocca il potere che è dentro ognuno di noi e ciò è dovuto alle nostre esperienze negative. Ma si pensi a uno dei più grandi inventori, Thomas Edison, che fece 11.000 tentativi, o a Walt Disney, che si rivolse a 301 banche per avere un finanziamento per realizzare il suo parco giochi a pagamento. O ancora, alla storia del colonnello Harland Sanders, che solo a 65 anni iniziò un'impresa di successo. Superando enormi difficoltà, senza mai arrendersi, affidandosi solo alla propria determinazione, alla creatività e alla visionarietà, dopo mille tentativi riuscì a vendere la sua ricetta del "pollo fritto", che successivamente divenne un successo.

«Il successo è l'abilità di passare da un fallimento all'altro senza perdere l'entusiasmo» (Winston Churchill).

Ho trasformato la paura in potere affrontandola più volte, è stato come un allenamento in palestra. Il tuo cervello ti dirà che puoi fare tutto ciò che vuoi se hai superato la "paura". Una delle cose che mi ha portato a migliorare la mia visione è stata comprendere che, se desidero andare dal punto A al punto B, la linea non è sempre retta e visibile, ma ogni volta che trovo un ostacolo posso cambiare traiettoria, "approccio", e in quello spostamento trovo altre soluzioni e l'entusiasmo di aver trovato quelle alternative.

Tutto quello che hai fatto fino a oggi non ha importanza, i tuoi risultati non hanno importanza, è ora di prendere in mano la tua vita come ho fatto io, a 45 anni, quando ho compreso che potevo assolutamente cambiare i miei risultanti e che il mio futuro non sarebbe stato uguale al mio passato se solo avessi avuto un "perché" forte e motivato.

Da qui si dà inizio a comprendere il perché. Il mio "perché" era molto forte perché desideravo migliorare la mia vita. Perché lo desideravo? Perché volevo dare un significato a me stesso e alle persone a me care. E perché desideravo questo? Perché volevo dimostrare a me stesso e a tutti coloro che mi conoscevano che era possibile cambiare la propria vita. Iniziando a migliorare se stessa e a cambiare le proprie credenze, una persona adulta o giovane – anche se ha la sfortuna come me di essere cresciuta in una famiglia in difficoltà economiche o in un ambiente povero – ha il potere dentro di sé di cambiare le credenze e le convinzioni sbagliate. Ogni volta che una persona fa un'azione, impara e farà meglio la volta successiva.

«Per avere di più di quello che hai, devi diventare di più di quello che sei. Se non cambi quello che sei, avrai sempre quello che hai» (Jim Rhon).

SEGRETO n. 3: il "perché" deve essere motivato; se trovi il giusto perché, avrai una motivazione così forte da poter tentare all'infinito.

Quando vivevo nel mio quartiere e vedevo i miei amici lamentarsi di quello che non avevano, pensavo che il buon Dio ci ha donato la salute e un'intelligenza superiore e che nessun problema è permanente, nessun problema può fermare il nostro potere se agiamo in modo perseverante per arrivare all'obiettivo che desideriamo raggiungere e visualizziamo con chiarezza la giusta direzione su cui concentrare le forze.

Scomponendo il tempo, il 95% dovrebbe essere dedicato alla ricerca di soluzioni e solo il 5% all'individuazione del problema. Ho introdotto nella mia famiglia e nella mia azienda l'abitudine di pensare esclusivamente alle soluzioni; portare sì il problema, ma con 10 soluzioni, altrimenti non è possibile scoprire "come risolvere il problema".

Quando ho iniziato a fare formazione, ho condiviso la mia strategia e la mia visione con una persona, la carissima Paola

Pagani, che ringrazio per il suo contributo e per i suoi preziosissimi consigli. Mentre stavamo condividendo gli obiettivi a cui desideravamo arrivare, lei mi disse: «Salvatore tu sei come un seme nel terreno che sta aspettando di sbocciare e di crescere. Ora, se lo annaffi ogni giorno, crescerà fino a diventare un forte albero robusto, altrimenti muore». Dopo qualche anno capii qual era l'acqua che stavo dando a quel seme.

Bisogna sempre sapere attendere, l'importante è perseverare ogni giorno e, anche se non vediamo nell'immediato i risultati desiderati, questi cresceranno nel tempo. Quando una persona non ha un sogno o un obiettivo, non sa in quale direzione andare. Quando si ha un obiettivo bisogna condizionare la propria mente, cambiare le abitudini, emulare ciò che funziona, seminare allo stesso modo per ottenere gli stessi risultati. Analizza le persone migliori di te, il loro modo di agire, credere, vestire, mangiare e respirare.

«I campioni non si fanno nelle palestre. I campioni si fanno con qualcosa che hanno nel loro profondo: un desiderio, un sogno, una visione» (Muhammad Alì).

SEGRETO n. 4: il seme deve essere costantemente annaffiato per divenire una pianta; bisogna saper attendere.

Quello che bisogna fare è migliorare costantemente, studiare, frequentare seminari, informarsi e condividere con familiari e amici o addirittura con persone che hanno avuto già successo, cioè che hanno ottenuto la medaglia d'oro. Pertanto bisogna definire cosa si desidera. Molto spesso le persone, quando chiedi loro cosa vogliono dalla vita, sono generiche, usano il condizionale: «Vorrei essere in forma», «Vorrei avere più soldi», «Vorrei più tempo»...

Il potere è la chiarezza di ciò che si vuole. Più sei chiaro e limpido come l'acqua e più otterrai ciò che vuoi. E non pensare a ciò che è accaduto in passato, se qualcosa è andato storto, nessun problema, la cosa importante è avere dei buoni consiglieri che possono indicarti la strada più veloce per raggiungere il tuo obiettivo.

RIEPILOGO DEL CAPITOLO 2:

- SEGRETO n. 1: l'atteggiamento mentale positivo crea in noi una forza interiore straordinaria nel trovare soluzioni vincenti.
- SEGRETO n. 2: un individuo diventa ciò a cui pensa per la maggior parte del tempo.
- SEGRETO n. 3: il "perché" deve essere motivato; se trovi il giusto perché, avrai una motivazione così forte da poter tentare all'infinito.
- SEGRETO n. 4: il seme deve essere costantemente annaffiato per divenire una pianta; bisogna saper attendere.

Capitolo 3:
Come sfruttare l'esperienza

L'errore si definisce tale quando si commette due volte, altrimenti è un'esperienza. Questa definizione mi fece riflettere su degli errori che avevo fatto in passato, senza rendermi conto che le esperienze mi avevano indirizzato a migliorare la mia crescita personale e professionale. Tutto ciò mi ha indotto a non soffermarmi sugli errori commessi, ma a prendere decisioni su tali errori.

SEGRETO n. 1: l'errore si definisce tale se si commette due volte, altrimenti viene definito esperienza.

Tutti noi commettiamo errori, ma siamo consapevoli che quegli errori sono esperienza; alcune volte ce ne dimentichiamo, oppure continuiamo a perseverare in un errore, pensando che dobbiamo vincere a qualsiasi costo, senza cambiare nulla, e questa è follia. Se non si cambia, i risultati non cambieranno mai.

«Follia è fare le stesse cose aspettandosi risultati differenti» (Albert Einstein).

Quando ho messo in pratica questa citazione, ho cambiato il mio modo di vedere le cose sia nella vita professionale sia in quella personale. Ho cambiato il mio legale di fiducia che aveva commesso degli errori e mostrava di non essere organizzato o specializzato in quella competenza, e il consulente fiscale che, come tanti, analizzava i dati di bilancio senza verificare se la mia azienda fosse in salute o meno e si soffermava a parlare solamente del risultato economico relativo alla perdita o all'utile d'esercizio.

La sua competenza quindi era soltanto quella di redigere un bilancio e inserire le fatture senza aggiungere valore all'impresa. Nessuna informazione su come migliorare i profitti e innovarsi, né condivisione su vantaggi e svantaggi di un investimento finanziario o sull'ottimizzazione dei costi.

A volte si continua ad andare dallo stesso medico, o si fa lo stesso percorso senza riflettere e chiedersi: ma se provo a cambiare, cosa può succedere? Se il mio stato attuale è difficile, l'unica cosa che posso fare è cambiare. A questo proposito, desidero condividere una storia di mia madre. Ebbe uno sbalzo di pressione e si rivolse al suo amico cardiologo, il quale la mise immediatamente in allarme, dicendole che si trattava di un problema al cuore, che doveva impiantare un pacemaker e che doveva intervenire immediatamente. Ma lei, conoscendo la mia tesi, iniziò a prendere le dovute cautele. Si recò da un esperto il quale riscontrò che si trattava di un'ostruzione della vena e non aveva bisogno di nessun pacemaker.

A volte siamo noi stessi a non prendere delle informazioni utili per decidere se la nostra scelta è quella giusta o no. Non ascoltiamo i commenti delle persone, non ci informiamo tramite i mezzi di ricerca a nostra disposizione sul *curriculum*, sulle esperienze o le competenze di quel medico, avvocato o commercialista, ma soprattutto non chiediamo quante medaglie d'oro ha ricevuto in quella precisa competenza.

Un giorno una mia amica, che ha due figlie, mi disse che era stata lasciata dal marito e che la sua vita era finita e voleva tentare il suicidio, ma prima desiderava parlare con un amico. La sua motivazione era che non riusciva a mantenere le figlie economicamente e inoltre si sentiva rifiutata dagli uomini. La condussi presso una famiglia di mia conoscenza che aveva adottato due ragazzi che avevano perso i genitori in un incidente stradale. Si rese conto della sofferenza e della tristezza di quei ragazzi sfortunati e subito corse ad abbracciare le proprie figlie. Piangendo, disse a sè stessa che non avrebbe permesso che le sue figlie rimanessero senza la mamma, e mi ringraziò, perché quella visita aveva cambiato immediatamente il suo modo di vedere la sofferenza e l'aveva fatta riflettere su come sarebbe stato il futuro delle figlie.

Le dissi che la vita è come un gioco, c'è un inizio e c'è una fine, esistono momenti felici e momenti tristi, quindi ognuno di noi ha degli inverni da superare per poi sbocciare in primavera. Ora la sua vita è straordinaria, ha un lavoro redditizio e un uomo che si prende cura di lei e delle sue fantastiche bambine.

SEGRETO n. 2: quando la situazione non è soddisfacente, bisogna essere tempestivi nel cambiare approccio.

Dico sempre che il tempo di Dio è diverso dal nostro tempo cronologico. La frase che uso spesso, anche durante il giorno, è «Gesù, io confido in te». Il ciclo del successo parte da un errore, che equivale a un risultato negativo, che genera un'esperienza, che genera un risultato positivo, che a sua volta porta al successo.

Se impariamo dai nostri errori e da quelli degli altri allora saremo persone di successo. Utilizza la tua forza interiore per raggiungere gli obiettivi e trovare la passione per agire.

«Dio non creò il male, il male è il risultato dell'assenza di Dio nel cuore degli esseri umani» (Albert Einstein).

SEGRETO n. 3: le attese creano ansia e frustrazione, ma per avere successo bisogna sapere attendere le 4 fasi.

RIEPILOGO DEL CAPITOLO 3:
- SEGRETO n. 1: l'errore si definisce tale se si commette due volte, altrimenti viene definito esperienza.
- SEGRETO n. 2: quando la situazione non è soddisfacente, bisogna essere tempestivi nel cambiare approccio.
- SEGRETO n. 3: le attese creano ansia e frustrazione, ma per avere successo bisogna sapere attendere le 4 fasi.

Capitolo 4:
Come sprigionare il potere dentro di te

Il potere di decidere è il potere di cambiare. Se vogliamo tirare fuori il potere che è dentro di noi, dobbiamo intraprendere nuove azioni. Noi possiamo controllare le nostre decisioni, il nostro modo di pensare e le credenze che abbiamo acquisito nel tempo. Il destino lo creiamo noi, con le nostre decisioni e le azioni che intraprendiamo.

Il partner che abbiamo scelto, la città in cui viviamo, il network che frequentiamo, tutti questi fattori incidono e condizionano le nostre decisioni e azioni. Tutte le decisioni che prendiamo creano il nostro destino e solo cambiando le decisioni potremmo cambiare la nostra vita o migliorarla con nuove azioni.

SEGRETO n. 1: la nostra più grande forza è prendere una decisione.

La vera decisione è quella di quando si sbarca su un'isola e si bruciano le navi. Quando hai preso quella decisione, diventa imperativa e non esistono né i ma né i però. Lascia che ti racconti la storia di mio fratello Francesco, accaduta nel 2011. Una sera d'estate decise di andare in moto con un suo amico per accompagnarlo a bere qualcosa in una locale di Roma, in zona Trastevere, ed ebbe un gravissimo incidente stradale.

Il suo amico, conducente della moto, morì sul colpo e mio fratello subì 11 ore di intervento e l'asportazione della milza; inoltre riportò il distacco del colon, il bacino lussato e mezzo polmone bloccato. Entrò in coma, la situazione era molto grave e i medici indicavano una prognosi riservata; non si sapeva se ce l'avrebbe fatta. Ogni giorno andavo in ospedale e i medici ripetevano sempre la stessa cosa, un giorno aveva il 50% di probabilità di sopravvivere, il giorno dopo il 40%.

Mentre era in terapia intensiva, gli sussurravo nell'orecchio: «Dai fratello che sei forte e ce la farai a uscire anche questa volta da una situazione così difficile». Ogni giorno era la stessa storia, con alti e bassi, fino a quando un giorno mi chiamò mia nipote dicendomi: «Corri zio, papà è peggiorato». La mia fede mi diceva che ce l'avrebbe fatta.

Arrivato presso l'Ospedale San Giovanni, abbracciai mia nipote che era disperata, mi recai dai medici che mi riferirono che avevano dovuto effettuare una manovra di capovolgimento per rianimarlo, che era sottoposto a dialisi per 24 ore, che non assicuravano la riuscita e che le condizioni erano veramente gravi. Ma la forza di vivere di mio fratello è stata così grande che uscì dal coma farmacologico dopo tre mesi e mezzo.

Ancora non era finita, trascorse dodici mesi in ospedale con ripetuti interventi alla gamba e ulteriori diciotto mesi, sempre in ospedale, dove i medici sostenevano che sarebbe rimasto paralizzato, ma la sua decisione era di non voler rimanere su una sedia a rotelle.

Successivamente fu ricoverato in una clinica di riabilitazione, la "Santa Lucia". Grazie alla sua perseveranza nella preghiera e nel fare le cose che funzionano, nell'emulare i giovani che erano usciti dalla stessa situazione, riuscì ad alzarsi dalla sedia. Questo solo perché prese una decisione, ossia che sarebbe uscito da quella situazione e che era un imperativo senza se e senza ma, con il proposito di porsi delle domande e con la promessa fatta a se stesso: «Io ce la farò e camminerò con le mie gambe!»

Perché dovrò alzarmi da questa sedia? Cosa dovrò fare, per alzarmi da questa sedia e chi dovrò emulare? Come devo pensare o agire? Perciò decise in modo imperativo, senza nessun condizionale, cosa voleva fare e, con un'azione massiccia, osservando gli altri che ce l'avevano fatta, ottenne risultati straordinari e cambiò costantemente approccio fino a ottenere ciò che desiderava.

Ho voluto raccontare questa storia che ho vissuto personalmente per dare a voi una prova tangibile del fatto che, quando la decisione è ciò che vuoi, quindi un imperativo, le cose accadono. Ed è importante che ognuno di noi si focalizzi su questa domanda: Perché devo farlo? Essere chiari con sè stessi, con il forte desiderio di ottenerlo, senza se e senza ma.

SEGRETO n. 2: quando la decisione è un imperativo (*io*

voglio), **il perché è forte ed emuli le persone che hanno raggiunto l'obiettivo, il "successo" fiorirà.**

Ho preso le mie decisioni di vita chiedendomi il "perché". Più è forte il perché, più si arriva a fare le azioni che portano a migliorarsi. E subito l'autostima sale fino a quando migliori sempre di più. Sono stato sempre una persona che arrivava tardi agli appuntamenti, ricordo che partecipavo a riunioni o a consigli di amministrazione arrivando sempre quasi a metà riunione. Un giorno mi chiesi il perché di questo mio comportamento. Come facevano gli altri a essere puntuali?

Iniziai a frequentare un gruppo di amici che erano sempre puntuali o addirittura in anticipo e capii che agivo diversamente. Assumevo molti impegni nello stesso giorno, senza stabilire priorità e urgenze. Adesso sono una persona puntualissima, a volte in anticipo, e vivo una vita straordinaria!

Ho letto il libro di Anthony Robbins traendone spunti per migliorare la mia vita, e quel giorno presi due decisioni. La prima era semplice: svegliarmi 10 minuti prima. La seconda, più importante, era cominciare ad aiutare gli altri iniziando dalla mia comunità, dando alle persone suggerimenti e informazioni utili per migliorare la propria vita. Ora, inizia tu stesso prendendone una semplice a breve termine e una più complessa a lungo termine.

La mattina, quando mi sveglio, inizio con il ringraziamento a Dio per la giornata che mi offre e, subito dopo, svolgo il mio mantra per plasmare e condizionare la mia mente in modo di ottenere ciò che desidero con tutta l'anima.

«È nei momenti in cui prendi delle decisioni che il tuo destino si forma» (Anthony Robbins).

I 10 comandamenti:
1. *Passione*: ama ciò che fai.
2. *Sfida*: la vita è una sfida.
3. *Critiche*: accetta le critiche.
4. *Azione*: agisci o lamentati.
5. *Network*: circondati delle persone giuste.
6. *Team*: costruisci una squadra.

7. *Credo*: assumi il rischio e credi in te stesso.
8. *Visione*: scegli la tua direzione.
9. *Goal*: conosci i tuoi obiettivi.
10. *Business*: conosci il tuo mercato.

SEGRETO n. 3: domandati sempre il "perché" del desiderio di raggiungere un obiettivo (Perché l'obiettivo è importante per te o per la tua famiglia? Cosa accadrà una volta raggiunto?) e il cosa fare e come farlo verranno di conseguenza.

RIEPILOGO DEL CAPITOLO 4:

- SEGRETO n. 1: la nostra più grande forza è prendere una decisione.
- SEGRETO n. 2: quando la decisione è un imperativo (*io voglio*), il perché è forte ed emuli le persone che hanno raggiunto l'obiettivo, il "successo" fiorirà.
- SEGRETO n. 3: domandati sempre il "perché" del desiderio di raggiungere un obiettivo (Perché l'obiettivo è importante per te o per la tua famiglia? Cosa accadrà una volta raggiunto?) e il cosa fare e come farlo verranno di conseguenza.

Capitolo 5:
Come ci controllano le convinzioni

La convinzione controlla la decisione. Un giorno mi fermai all'entrata di un Autogrill per rispondere al telefono e mi irritai con l'interlocutore. A fine conversazione, entrai per acquistare dei biscotti al cioccolato *Mikado*, ma ero in un tale stato di ansia e nervosismo che ero convinto di non essere in grado di vedere dove fossero i biscotti che cercavo.

Ero certo che fossero sullo scaffale, controllai due volte tutta la scaffalatura, ma nulla. Allora chiesi aiuto alla ragazza dell'Autogrill e le chiesi: «Mi scusi, può indicarmi dove sono i *Mikado*?» E lei rispose: «Sono proprio davanti al suo naso».

SEGRETO n. 1: la convinzione ci limita o ci potenzia.

Ciò dimostra che, quando abbiamo una convinzione, questa controlla la nostra visione e il nostro stato. Le convinzioni hanno un forte potere su di noi, riescono a comandare la nostra mente e a condizionare il nostro modo di essere. Le convinzioni sono molto potenti, condizionano te e le persone che frequenti, quindi devi fare attenzione a ciò che decidi di credere, specie su te stesso.

Fra le credenze che sono state importanti nel mio miglioramento c'è quella in un essere superiore, al di sopra di tutti noi, nel mio caso Dio, e la convinzione di voler aiutare gli altri, cioè di "dare". Ciò significa che se semini nell'universo, l'universo si ricorderà di te. Queste convinzioni mi hanno aiutato a superare gli inverni che ho avuto in questi anni, dalla morte dei miei genitori all'incidente di mio fratello, alle mie vicissitudini imprenditoriali.

«O le tue convinzioni limitano il tuo mondo o lo ampliano» (Richard Bandler).

Le convinzioni rappresentano un senso di certezza. Se credo di essere uno straordinario imprenditore, sarò sempre più convinto e aprirò la mia mente alla ricerca di più risorse e informazioni nel mio settore allo scopo di produrre i migliori risultati. Infatti, con le convinzioni positive si ha l'accesso a più risorse capaci di generare le azioni adatte al raggiungimento di un risultato straordinario.

SEGRETO n. 2: dobbiamo lavorare sulle nostre convinzioni e riflettere quale sarà la conseguenza fra 5, 10 o 15 anni.

Come puoi trasformare la tua idea in una convinzione? Io l'ho imparato dal mio mentore Anthony Robbins. Pensa a un tavolo con solo una o due gambe, e cerca di capire se un'idea è supportata bene dalle tue convinzioni o no. In questo caso il tavolo cadrebbe, se invece avesse tutte le gambe, e solido, si potrebbe paragonare a una convinzione forte e certa.

Fai un esercizio che ho sperimentato di persona. Immagina intensamente di associare il forte dolore all'idea di non cambiare – ora come ti senti, cosa provi – e poi associa al piacere l'idea di cambiare. Ora, quali cambiamenti apporteresti alla tua vita, al tuo lavoro, nella tua famiglia? Elimina il comportamento con le credenze limitanti.

Cosa voglio davvero? Cosa mi impedisce di averlo? In noi ci sono due forze straordinarie, quella del piacere e quella del dolore; per cambiare dobbiamo soffrire così intensamente da toccare il fondo e poi risalire. Dobbiamo ripetere più volte il "perché", fino a quattro volte, in modo da avere un perché forte e motivato. Se hai provato a cambiare ma non ci sei riuscito, significa che non hai provato abbastanza dolore.

La leva è il dolore che viene da dentro di ognuno di noi, il cambiamento deve essere a livello emozionale, profondo nell'emozione e non a livello sensoriale. Racconto una storia vera. Un giornalista americano intervistò il boss statunitense detto Al Capone e gli chiese: «Visto che ora è quasi al termine del suo percorso di vita per la malattia contratta, è pentito di ciò che ha fatto». E lui fermamente rispose: «No, tutto ciò che ho fatto lo rifarei».

È così che gli "alcaponiani" non faranno mai nessun cambiamento; le persone non cambiano perché associano il dolore più al cambiamento che allo stato in cui si trovano. Associare invece a qualcosa di incredibilmente penoso il non cambiare, aiuta a sentire a livello emozionale di dovere cambiare immediatamente. Domande da porsi: Quanto mi costa non cambiare? Qual è il prezzo che dovrò pagare? Cosa mi perdo se non agisco immediatamente verso un cambiamento? Quanto mi costa a livello mentale, emotivo, fisico, finanziario e spirituale? Cerca di immaginare il dolore di non cambiare in modo il più possibile reale, intenso, immediato e sufficientemente forte, e concentrati a pensare che può influenzare i tuoi cari, la tua salute, la tua famiglia.

Cosa potrei ottenere se cambiassi ora, in questo momento? Che cosa provano i miei cari, i miei amici? E quanto sarò felice? Interrompi il comportamento limitativo, concentrati sulle stesse idee e immagini, rivolgiti le domande potenzianti. Bisogna organizzare le idee in modo che ci guidino continuamente nella direzione del nostro desiderio invece che verso le paure e le frustrazioni.

Hai mai visto una mosca in una stanza che immediatamente si dirige verso la luce e sbatte alla finestra più volte, per ore e ore fino a morire? Ecco, così sono le persone che si comportano sempre allo stesso modo. Le persone che si sentono motivate a cambiare sono quelle che hanno una forte leva che le spinge ad agire, ma tutta la motivazione del mondo non servirà a nulla se continueranno a cercare di uscire attraverso una finestra chiusa.

La mosca ha una sola possibilità di salvarsi, smettere di sbattere contro il vetro e trovare un'altra via di uscita, cioè cambiare approccio. Se si continua a seguire lo stesso metodo, si avrà lo stesso risultato. I dischi producono sempre la stessa musica per via del loro modulo del solco in cui è codificato il suono, ma che cosa accadrebbe se con un chiodo si graffiasse la superficie del disco? Il suono sarebbe diverso. Allo stesso modo, solo se si interrompe il modulo limitante del comportamento o delle emozioni la vita può cambiare.

SEGRETO n. 3: in noi ci sono due forze straordinarie, quella del piacere e quella del dolore; per cambiare dobbiamo soffrire così intensamente da toccare il fondo e poi risalire.

RIEPILOGO DEL CAPITOLO 5:

- SEGRETO n. 1: la convinzione ci limita o ci potenzia.
- SEGRETO n. 2: dobbiamo lavorare sulle nostre convinzioni e riflettere quale sarà la conseguenza fra 5, 10 o 15 anni.
- SEGRETO n. 3: in noi ci sono due forze straordinarie, quella del piacere e quella del dolore; per cambiare dobbiamo soffrire così intensamente da toccare il fondo e poi risalire.

Capitolo 6:
Come avviare un business

La regola d'oro è redigere sempre, prima di intraprendere qualsiasi attività, un Business Plan. Senza, sarebbe come costruire una casa senza il progetto o addirittura le fondamenta. Quindi, frequentare corsi di Business Plan. Panoramica di attività, strategia, missione, valutazione e verifica dei vantaggi e degli svantaggi. Panoramica completa, conto economico, parte finanziaria e previsionale; spese e utili fra 12, 24 o 36 mesi.

Verificare lo storico degli anni trascorsi e lo stato patrimoniale con le analisi break-even e flussi finanziari e redigere un budget. Domande da porsi: Chi sei? Quali pregi hai? Quali competenze hai? Quali competenze ha il tuo personale? Redigere un piano di marketing: analisi della concorrenza, punti di forza, analisi di mercato, target, strategie di marketing, analisi del trend di mercato, economia, opportunità da sfruttare, rischi da cui guardarsi.

Se un'azienda è allineata, tutti devono conoscere, dal management al semplice operatore. I 3 fattori chiave sono: *valori*, *missione* e *visione*. Qual è l'attività principale di maggior valore che fai? Qual è l'attività più remunerata di tutte? L'attività più importante è pensare, la qualità di pensiero determina la qualità delle decisioni, che determinano la qualità delle tue azioni che, a loro volta, determinano la qualità dei tuoi risultati.

Nel business ciò che conta sono i risultati finanziari. Il principio delle conseguenze è la gestione del tempo che determina se qualcosa è importante perché ha grandi conseguenze o se, al contrario, non è importante perché ha scarse conseguenze. Le persone di successo sono impegnate su attività che hanno grandi conseguenze mentre le altre persone, anche se hanno una laurea, sono impegnate nelle attività con scarse conseguenze.

Di tutte le attività che fai, la migliore è "pensare," la qualità del pensare determina la qualità della tua intera vita. Pensa a lungo termine per i risultati da raggiungere, pensa lentamente alle conseguenze e solo dopo agisci velocemente.

Immagina di trovarti in auto e di percorrere la strada a una velocità di 70 km orari: alcuni ostacoli li vedi, altri invece non riesci a vederli, mentre se facessi lo stesso percorso a piedi non solo vedresti i dettagli, ma avresti il tempo di fare le dovute riflessioni.

SEGRETO n. 1: regola d'oro: redigere sempre un Business Plan a 3 anni con una visione a 5 anni con le dovute misurazioni.

La gestione collaborativa consiste nell'incoraggiare i propri collaboratori a formulare delle domande per migliorare i processi e, allo stesso tempo, aumentare l'autostima e la fiducia in ciò che fanno. Quindi invogliare il proprio personale, in ogni area di lavoro, a dare dei suggerimenti. Tenere sempre informati i membri del team, incoraggiare i loro progetti, chiedere suggerimenti utili su come raggiungerebbero il risultato prefissato, dare delle ricompense sotto forma sia di danaro sia di tempo libero, mostrare interesse nel loro futuro con gesti nobili come gratitudine e gentilezza.

Essere gentile, alcune volte tollerante, mostrare ammirazione per il raggiungimento degli obiettivi e festeggiare ogni vetta raggiunta. Comprendere sempre quali sono le loro aspettative in ogni settore dell'attività e definire bene le date per il raggiungimento dell'obiettivo. Quando si fa un errore, bisogna imparare da esso e porsi alcune domande. Come posso evitare in futuro di ripetere lo stesso errore? Cosa ho imparato da questo errore? Come posso utilizzare questo errore in maniera da acquisire nuova esperienza?

Ogni giorno, prima di iniziare qualsiasi attività, disporre un piano preciso e dettagliato di cosa fare durante la giornata e fissare delle azioni da compiere nella direzione del proprio obiettivo, utilizzando le mappe mentali, con l'applicazione delle immagini, in modo da coinvolgere la creatività. Fissare le azioni da intraprendere nelle prime ore del mattino, prima di iniziare qualsiasi attività, ci permette di rileggere il nostro focus e di creare i micro-obiettivi. Il tutto da riportare su un foglio che si potrà leggere e rileggere durante la giornata, in modo da fare, in quella giornata, qualcosa per avvicinarsi all'obiettivo.

SEGRETO n. 2: il team deve essere sempre informato di qualsiasi decisione o progetto: organizzare meeting e town hall meeting utilizzando mappe mentali e immagini in modo da renderli emotivamente reali.

1. Fai un elenco prima di iniziare.
2. Ora cerchia l'azione da intraprendere per raggiungere il tuo obiettivo così, a fine giornata, potrai dire: oggi ho fatto qualcosa per il mio focus.
3. Evidenzia le priorità dell'elenco con chiarezza e inizia a lavorare prima su quelle.
4. Sviluppa l'abitudine del focus e della concentrazione.
5. Definisci il tuo compito.
6. Inizia a lavorarci subito.
7. Perseverare, perseverare, perseverare.

La domanda che mi sono fatto è: perché ci sono imprese che guadagnano più di altre? Esiste la causa ed effetto per la redditività di ogni impresa e, se ti modellerai su ciò che fanno le migliori aziende del tuo settore, anche tu raggiungerai certi profitti. In altre parole, il business e la redditività sono imprevedibili, ma se individui con la lente di ingrandimento ciò che funziona nel tuo settore, e lo imiti, avrai gli stessi risultati. Performance, risultati e redditività ogni giorno e per tutto il giorno: la qualità di un manager è la flessibilità. La tua velocità e la tua flessibilità sono assolutamente indispensabili per la sopravvivenza del tuo business.

In base all'esperienza che ho maturato fino a oggi, c'è qualcosa che non rifarei? Ogni volta che sei stressato o hai zero risultati, fermati e fatti questa domanda: con la mia esperienza attuale e con le mie competenze c'è qualcosa che io non so fare? Abilità, velocità e flessibilità in un mercato dinamico sono la chiave del tuo successo e del tuo business. Accetta che ciò che stai facendo oggi non è corretto. Fai queste 3 dichiarazioni:

1. «Mi sono sbagliato!» In base alle indagini svolte da alcuni studi di management, il 70% delle tue decisioni saranno sbagliate. Prima realizzerai questo concetto e prima tornerai indietro, azzererai gli errori e cambierai velocemente approccio.
2. «Ho fatto un errore!» Le persone che ti circondano sanno che tu hai fatto un errore e non aspettano altro che lo dichiari pubblicamente.

3. «Ho cambiato idea!» Un manager è sempre pronto a cambiare idea in base alle nuove informazioni che acquisisce, è veloce a cambiare approccio o il modo in cui di solito agisce. Se cambi idea e torni a fare ciò che funziona, sarai meno stressato e più efficace.

SEGRETO n. 3: causa/effetto: per questo principio ogni cosa che si fa genera un effetto; flessibilità e competenza sono le caratteristiche dei grandi manager.

Sviluppa con chiarezza missione, visione e direzione. Chiediti: Perché esiste il mio business? Chi posso aiutare con ciò che faccio? Come offro i miei prodotti o i miei servizi alle altre persone? Una ricerca ha rilevato che il 20% delle aziende più performanti al mondo aveva valori, missione e visione condivisi con tutti i collaboratori.

La missione deve essere chiara e limpida come l'acqua di un ruscello. Quali sono i valori della tua azienda? Qual è la visione per gli anni futuri? Qual è la missione? Come saprai di averla portata a termine? Perché la tua azienda esiste? Quale importante prodotto o servizio offri? Determina il tuo settore imprenditoriale, il settore in cui allocare l'azienda e i prodotti o servizi che offri ai tuoi clienti.

Quali conseguenze hanno i tuoi prodotti e servizi sulla vita dei tuoi clienti? Durante una visita che ho fatto a varie aziende, che avessero un organico di 50 persone o di 4.000, per verificare se l'azienda fosse allineata o meno rivolgevo sempre la stessa domanda: chiedevo a tutti quali fossero i valori dell'azienda in cui lavoravano e poi la loro missione e visione.

Puntualmente, di fronte a queste domande, le persone si sentivano impacciate e timorose di non saper rispondere. È come domandare a una persona, giovane o adulta, quale sia la sua passione e sentirsi rispondere: «Non saprei, non ho mai pensato alla mia passione». Le persone sono sempre più spesso vaghe, senza un obiettivo definito, professionale o personale.

SEGRETO n. 4: cultura aziendale è trasmettere la conoscenza a tutti i collaboratori: valori, missione, visione.

In quale settore ti trovi? In quale settore ti troverai in futuro? In quale settore dovrai collocarti per sopravvivere, nei prossimi anni, in questo mercato dinamico e competitivo? In quale business opereresti se facessi i cambiamenti necessari da avere nel tuo settore un ruolo chiave?

Ricorda sempre che il miglior modo per progredire nel futuro è crearlo, essere irrazionale, perché le persone irrazionali adattano la loro visione a ciò che accadrà, non si adattano al sistema che già esiste. Coloro che non sanno pianificare il futuro non saranno mai vincenti. Devi essere il maestro del cambiamento, altrimenti sarai una vittima.

Determina in quale settore desideri essere, il cambiamento da apportare e la posizione che desideri applicare come leadership: è la chiave del successo. Definisci chiaramente il profitto del tuo cliente, perché è il fulcro del marketing e consente di aumentare la redditività della tua impresa.

Chi è il tuo cliente? Qual è la sua età? La sua passione? Il suo profilo? Qual è il tuo cliente potenziale? Qual è la sua età? Ha un futuro generazionale? Qual è la sua educazione? Dove si è formato? Qual è il suo reddito attuale? In passato ha avuto problemi? Qual è la sua posizione? Quali sono i suoi valori e la sua filosofia? Qual è il suo background? Dove si trova localizzato geograficamente? Dove si colloca in azienda? È un manager? Un amministratore delegato? In che organizzazione lavora? Quale posizione ricopre e cosa considera un valore? Quanto è disposto a pagare per il servizio o prodotto offerto e cosa intende dare per lo straordinario? Come vorrebbe che fosse il suo fornitore? Di cosa ha bisogno? Oggi cosa acquista dai competitor?

Cosa dovresti fare per offrire i tuoi prodotti o servizi o per renderli più attraenti? Consultare un designer di ultima generazione? Quali vantaggi potresti offrire in modo che il cliente acquisti i tuoi prodotti? Avere accesso ad alcune agevolazioni o sconti? Chi sarà il tuo cliente del futuro, fra 3 anni? Se cambi i tuoi prodotti o servizi, cosa farà il tuo cliente attuale? Quali cambiamenti dovresti apportare per attrarre e mantenere i migliori clienti in termini di profitto?

SEGRETO n. 5: le domande da porsi prima di intraprendere

un business sono svariate; focus sul profilo del cliente, sul settore in cui si opera e sul cambiamento futuro.

Le persone sono pigre e cercano la strada più breve, tu hai la responsabilità di sbloccare il tuo potenziale e non esiste nessun limite. Nel mondo il 20% delle persone ha l'80% della ricchezza, i soldi sono a disposizione di tutti. Più sollevi i pesi e più i muscoli si sviluppano, così funziona il nostro cervello, quindi più leggi e acquisisci informazioni sul tuo settore e sulla tua attività – come migliorarla e come sviluppare nuovi processi tecnologici – più risultati avrai.

Devi diventare fanatico della tecnologia e dell'innovazione, devi conoscere i processi, leggere molti libri sull'argomento che nutre il tuo interesse e capire cosa fare per aiutare il cliente, trarne vantaggio e ottimizzare i costi. Anticipa sempre gli eventi prima che quelli stressino te e occupino gran parte del tuo tempo. A me è accaduto. Dopo avere procrastinato questioni importanti ma non urgenti, non solo sono dovuto correre ai ripari, ma ho investito più tempo di quello che avrei impiegato anticipando le strategie.

La persona media lavora 40 ore settimanali distribuite in 5 giorni, e spreca il suo tempo per cercare qualcuno, per giocare, perché è attratta dalla distrazione, mentre un imprenditore di successo lavora dalle 60 alle 70 ore settimanali, sei giorni su sette, a volte anche con punte di 80 ore settimanali. W. Buffet e Bill Gates dicono che il focus è la qualità per avere il successo ed è soprattutto sui compiti più difficili che bisogna essere allenati.

Durante il giorno fai 3 reset per riflettere se ciò che stai facendo in quel momento ti avvicina al tuo obiettivo o ti allontana. Si sente dire che bisogna divertirsi nel lavoro che si svolge, e sono d'accordo, ma bisogna avere un focus e non distrazioni. Se ti focalizzerai sui risultati, la tua autostima aumenterà e avrai più rispetto per te stesso. Non sprecare il tempo, utilizzalo per gli affari. Dobbiamo avere rispetto per le persone più produttive e pensare all'attività più importante.

Un ricco riesce a guadagnare in un anno ciò che ha perso, mentre un povero che vince alla lotteria, dopo 2 anni, perde tutto. Il pensiero è fondamentale per avere risultati e ci sono due modi di pensare: rapido e lento. Il pensare rapido è quello che naturalmente sperimentiamo in un giorno normale, mentre il pensare lento è più ponderato e dà più risultati. W. Buffett pensa per 6 ore al giorno come investire e in cosa investire, dice che fa i compiti a casa per sapere dove investire. Pensare sulla carta, fare i conti con una procedura lenta e dedicare molto tempo a una decisione che ha uno sviluppo determinante – ad esempio su dei prodotti che desideriamo introdurre sul mercato – è fondamentale. La persona media pensa a breve termine, la persona di successo pensa a lungo termine.

SEGRETO n. 6: lavorare di più per ottenere di più (dalle 60 alle 70 ore settimanali), evitare distrazioni e interruzioni e pensare più lentamente.

Soltanto il 3% scrive il proprio obiettivo, e sono le persone che controllano l'economia. Si agisce nello stesso modo quando si pensa di costruire la propria casa: si fa un progetto e si procede con l'avanzamento dei lavori in modo ponderato e per iscritto. Quindi, penna in mano (il 100% dipende da te) come le persone di successo, che scrivono, osservano e prendono appunti.

La capacità di guadagno sta nel produrre qualcosa che qualcuno pagherà, servizio o prodotto che sia. La capacità maggiore che possediamo è quella di sviluppare le nostre conoscenze e competenze, che sono in grado di migliorare la capacità di guadagno. Investi su te stesso e avrai più successo, perché sarai tu il proprietario della tua vita.

La persona media torna a casa e guarda la Tv, mentre la persona di successo legge un libro e vede un documentario. Il segreto è agire immediatamente subito dopo aver sviluppato un piano. Solo il 2% lo fa. Tutte le volte che vedi un'opportunità, agisci. Le persone che vivono alla giornata dicono: «Un giorno farò questo e quello». Ma cosa accade quando una persona si ripete costantemente queste cose? Sviluppa un'abitudine.

Non fare tante cose, fanne solo una o due, e falle bene, altrimenti, se sono troppe, rischiano di diventare distrazioni. Il modo migliore è agire con il cuore per raggiungere ciò che si vuole. La tua anima annulla tutto ciò che ti distrae. Quando provi stress e frustrazione, smetti di fare e passa a qualcos'altro, se ti accorgi che ti trovi sulla strada sbagliata, cambia immediatamente.

Fermati, torna indietro e domandati: quali sono le cose che farei se ricominciassi da capo? Che cosa sceglierei? Inizia chiedendoti cosa faresti e con quale tempestività. Quando ci accorgiamo di avere commesso un "errore", o quando non otteniamo risultati, dobbiamo interrompere immediatamente e prendere una nuova decisione: cambiare approccio, mercato o smettere di offrire un certo servizio o di vendere un certo prodotto a basso costo.

SEGRETO n. 7: pensa e scrivi, cambia le abitudini, fai una o due cose alla volta e definisci il tempo di "scadenza".

La regola del 3 è una regola che ho acquisito e che metto in pratica costantemente. Il manager straordinario compie 3 attività più importanti, una di queste è far decollare il fatturato. Fai quindi meno cose, ma fai le 3 cose più importanti e più straordinarie, agisci su quelle che determinano il tuo obiettivo:
1. Lavorare 80 ore settimanali.
2. Impegno costante e perseverare, perseverare, perseverare nel perseguimento dell'obiettivo.
3. Fare i compiti più difficili.

Dedicati all'apprendimento costante che ti permetterà di raddoppiare il tuo business e triplicherà il tuo reddito. Ricorda, prima di iniziare il lavoro, preferibilmente la sera, fai un elenco delle cose da fare: il 20% produrrà l'80% dei risultati (Principio di Pareto o "legge 80/20"). Trova il tempo per fare le cose che ti portano all'obiettivo, il 3% delle tue attività equivale al 97% dei tuoi risultati, quindi domandati quali sono le tre cose da fare.

Scrivi le 3 cose da fare in modo da poterle consultare costantemente. I rapporti *one-to-one* fanno la differenza con un figlio, con un partner, con un amico, con un collaboratore, e portano a risultati straordinari. Ti do un consiglio: spegni il computer, il telefono, lavora più a lungo, fino al 100%, comincia a lavorare un'ora prima degli altri, lavora durante la pausa, lavora un'ora dopo la regolare chiusura dell'ufficio.

Se ti rechi al lavoro con due ore di anticipo ed esci più tardi, hai guadagnato più ore da investire nel tuo progetto invece di passarle imbottigliato nel traffico. Elevata produttività significa un'elevata redditività. Comincia da subito, la mattina, concentrati sul compito da svolgere. Quando raggiungi un obiettivo, il tuo cervello esplode di gioia. Immagina che i tuoi minuti siano la risorsa che hai a disposizione in quella giornata e che questi improvvisamente svaniscano; in questo caso, se una persona ti chiedesse se hai tempo da dedicarle, tu cosa risponderesti? «No, devo portare a termine un lavoro urgente, prossimo alla scadenza». Questo è il giusto approccio da seguire durante il giorno, durante la settimana, durante il mese. Fissa una data per tutti gli obiettivi stabiliti e vedrai che il tuo successo prenderà forma ogni giorno di più.

SEGRETO n. 8: fa' le 3 cose più urgenti, applica il Principio di Pareto (legge 80/20), termina gli impegni assunti durante la giornata.

I top manager apprezzano quelle persone che prendono un compito alla volta e lo portano a termine entro la data prefissata o addirittura in anticipo. I figli emulano i genitori; se sei un genitore che, per primo, sprofonda nella poltrona, è inutile dire a tuo figlio di fare sport. Sono i leader a stabilire le norme: più cresce il leader più cresce l'azienda.

Le migliori organizzazioni sono guidate da leader di successo. Un leader si dovrà sempre domandare:
- Cosa si aspetta da me l'azienda?
- Quali sono i risultati che dovrò portare in tre anni?
- Quali sono i risultati che determinano la crescita?
- Quali sono le questioni prioritarie e quelle secondarie?

Formare il team, condividere il piano e la strategia e verificare cosa delegare agli altri. Il progetto deve essere misurabile, chiaro e con una data di scadenza. Se non ci sono questi requisiti, bisogna fare un passo indietro e ricominciare da zero. Se non c'è una persona che segue costantemente il progetto, questo diventa orfano, pertanto deve essere condiviso e bisogna individuare una persona che si assuma la responsabilità del progetto.

Selezionare una persona è il compito più complesso, perché se si assume una persona sbagliata, si reca danno all'azienda. L'80% dei manager non ha mai svolto un seminario o un corso su come delegare, ma se non si è capaci di delegare non si avrà successo. Sapere con chiarezza cosa vuole l'imprenditore è fondamentale per raggiungere l'obiettivo. Diventa supervisore: il leader deve monitorare costantemente che i suoi collaboratori stiano seguendo i suoi parametri.

SEGRETO n. 9: il manager deve avere un progetto, condividerlo con il suo team e sapere a chi delegare.

Un'altra cosa importante è la misurazione dell'obiettivo. Sii preciso sui dati: se non sei in grado di misurare l'obiettivo, non sarai nemmeno in grado di gestirlo. Devi individuare come riconoscere la performance eccellente e con quale incentivo premiarla. Nel caso le persone si collochino sotto il parametro "soglia", rischiano il licenziamento.

Premiare i collaboratori economicamente o con giornate libere li motiva a fare di più per il raggiungimento dell'obiettivo, perché sono spinti a dare il massimo. I collaboratori devono essere informati di tutto ciò che accade in azienda e, soprattutto, conoscere con chiarezza gli obiettivi che l'azienda desidera raggiungere.

Quando entri in un'azienda, se le persone utilizzano termini come "noi", "il nostro" ecc., vuol dire che si tratta di una squadra, mentre se dicono "essi", "il loro" ecc., vuol dire che sono distanti tra loro. Motivare i collaboratori, il tuo team, è la risorsa più importante e costosa che hai. Il tuo compito è raggiungere i migliori risultati per te stesso e per la tua azienda motivando ogni collaboratore a fare del suo meglio. Una persona negativa può spegnere più persone, e il tuo ruolo è neutralizzarla.

Come sviluppare l'autostima nei collaboratori:
1. Sorridi ai tuoi collaboratori, sii gentile, cortese, perché questo aumenta la performance e l'autostima.
2. Apprezza e mostra gratitudine per tutto ciò che fanno, ringraziandoli costantemente.
3. Esprimi ammirazione.
4. Fai dei complimenti sia personali sia materiali.
5. Come leader hai il compito importante di trasmettere loro delle emozioni positive; ciò viene apprezzato perché sei tu a possedere l'autorità.
6. Ascolta i tuoi collaboratori quando desiderano parlare, fai le domande e attendi le risposte. Fai una domanda e ascolta attentamente; le persone amano parlare, perciò manifesta

interesse nell'ascoltare i loro consigli, condividi le tue esperienze e il tuo successo con loro e, se è stato commesso un errore, domanda loro cosa hanno imparato.

SEGRETO n. 10: il manager deve saper misurare, premiare e condividere con i propri collaboratori, verificare se sono allineati come team esaminando le parole che usano: "noi" oppure "loro".

RIEPILOGO DEL CAPITOLO 6:

- SEGRETO n. 1: regola d'oro: redigere sempre un Business Plan a 3 anni con una visione a 5 anni con le dovute misurazioni.
- SEGRETO n. 2: il team deve essere sempre informato di qualsiasi decisione o progetto: organizzare meeting e town hall meeting utilizzando mappe mentali e immagini in modo da renderli emotivamente reali.
- SEGRETO n. 3: causa/effetto: per questo principio ogni cosa che si fa genera un effetto; flessibilità e competenza sono le caratteristiche dei grandi manager.
- SEGRETO n. 4: cultura aziendale è trasmettere la conoscenza a tutti i collaboratori: valori, missione, visione.
- SEGRETO n. 5: le domande da porsi prima di intraprendere un business sono svariate; focus sul profilo del cliente, sul settore in cui si opera e sul cambiamento futuro.
- SEGRETO n. 6: lavorare di più per ottenere di più (dalle 60 alle 70 ore settimanali), evitare distrazioni e interruzioni e pensare più lentamente.
- SEGRETO n. 7: pensa e scrivi, cambia le abitudini, fai una o due cose alla volta e definisci il tempo di "scadenza".

- SEGRETO n. 8: fa' le 3 cose più urgenti, applica il Principio di Pareto (legge 80/20), termina gli impegni assunti durante la giornata.
- SEGRETO n. 9: il manager deve avere un progetto, condividerlo con il suo team e sapere a chi delegare.
- SEGRETO n. 10: il manager deve saper misurare, premiare e condividere con i propri collaboratori, verificare se sono allineati come team esaminando le parole che usano: "noi" oppure "loro".

Capitolo 7:
Come comunicare e vendere efficacemente

Il primo suggerimento che desidero darti è questo: ciò che facevi tempo fa per creare valore per i tuoi clienti, oggi, che la vendita è cambiata, non è più sufficiente. In passato, per persuadere i tuoi clienti a seguirti, bastava del materiale promozionale; oggi quel materiale non fa più la differenza agli occhi dei tuoi contatti, perché ne sono sommersi ogni giorno, sia da te sia dai tuoi concorrenti.

Nell'epoca dell'industria 4.0 la domanda è: come posso utilizzare le nuove piattaforme per avere successo? La piattaforma non solo può vendere, ma può fornire informazioni. Avere un contenuto di prodotti o servizi sulle piattaforme social è essenziale. La prima cosa necessaria è condividere i contenuti, la seconda è avere metodologia.

Tramite Facebook si possono profilare target specifici, mentre gli spot televisivi sono un mezzo di comunicazione di massa. Utilizzando i social in maniera selettiva, tramite la piattaforma si possono trovare le persone giuste al posto giusto per vendere i propri prodotti o servizi. E, creando un blog, un diario online, uno strumento per pubblicare opinioni, conoscenze e idee, diventi tu il protagonista. Tutti possono aprire un blog e iniziare a scrivere per raggiungere un pubblico più ampio: dipende dall'abilità di ognuno.

Il blog è lo strumento più efficace, rappresenta il movimento e la continua evoluzione. Le sue due caratteristiche fondamentali sono il cambiamento dell'home-page e l'interazione: c'è sempre un contenuto differente e le persone lo apprezzano perché rappresenta una realtà interattiva.

SEGRETO n. 1: nell'industria 4.0 è necessario utilizzare le piattaforme blog e social per condividere i contenuti e avere un metodo mirato ai potenziali clienti.

Avere articoli appena sfornati e dedicati a un argomento vuol dire potere affrontare le cose nel modo migliore, senza dimenticare che ogni contenuto è una porta aperta per fare entrare potenziali clienti sulla tua "landing page" (campagna pubblicitaria preferita), senza dimenticare che i lettori possono interagire e lasciare commenti, aprendo così una fase interattiva tra chi scrive e chi legge.

Per le imprese esiste il blog aziendale, uno strumento inserito in una strategia di inbound marketing (call-center o operatori telefonici) per ottenere vantaggi grazie alla pubblicazione di contenuti di qualità che soddisfano delle esigenze. Qualsiasi contenuto multimediale, anche foto, video, appunti, o le diverse combinazioni di questi elementi, può essere condiviso su internet.

Tutto questo è il Podcast, che deriva dall'unione di Ipod-broadcasting. Grazie al Podcast si può scaricare una trasmissione radio o video, o qualsiasi contenuto digitale immesso in rete dal suo proprietario, per mezzo di un semplice codice che rende il materiale disponibile per chiunque e per qualunque uso.

I file si possono copiare, consultare o trasferire in un dispositivo portatile. Apri il tuo Mac e scarica il software *Audacity*, una multipiattaforma di registrazione ed elaborazione audio che consente di eseguire molte operazioni, sia registrazioni musicali sia vocali dal vivo, e poi esportare in mp3 e pubblicizzare su iTunes. Nessuno ti deve dare l'autorizzazione, nessuno ti deve aprire la porta e non c'è nessuno a porti dei veti, cosa che in passato era impossibile.

Ora le porte sono aperte a tutti, non c'è nessuna restrizione nell'era dell'informazione e, se non sei tu a farlo, ci sarà qualcuno che lo farà per te. Se vuoi andare in Tv e trovi difficoltà a farlo, puoi utilizzare YouTube, la piattaforma di condivisione video più utilizzata al mondo, il canale che permette la visione di video e l'ascolto di musica solo avendo una connessione internet.

Trasmettere su questo canale e creare contenuti da condividere con tutti coloro che sono alla ricerca di nuovi strumenti, prodotti e/o servizi e di nuove informazioni aggiunge valore alla propria vita. Caricare i tuoi video su questo canale significa aumentare la tua visibilità sul web di 10 volte, perché, a differenza di qualche anno fa, le persone vanno direttamente su YouTube per cercare soluzioni ai propri problemi o per soddisfare i propri bisogni. Le persone sono pigre di fronte a troppe informazioni, preferiscono vedere un video esplicativo sulla risoluzione del loro problema, perché richiede meno tempo, è più pratico ed evidenzia subito il valore del prodotto o servizio.

SEGRETO n. 2: utilizza le piattaforme per comunicare le tue campagne pubblicitarie e produci video real-time su YouTube.

Devi assolutamente cavalcare l'onda finche è alta: crea più video possibili su quello che fai e su come lo fai, e caricali su YouTube. Se hai una buona posizione su questo canale, apparirai ai primi posti anche su Google. I tuoi video devono essere strutturati in modo che lo spettatore ti percepisca come massimo esperto nella risoluzione di un suo problema o comunque in grado di soddisfare un bisogno specifico.

Per far sì che i tuoi clienti, attuali e potenziali, quando devono comprare quello che offri pensino proprio a te, e non ai tuoi competitor, si deve creare una connessione mentale fra prodotto (o servizio) e brand, come, ad esempio, smartphone-iPhone o ricerca online-Google. Raggiungere la posizione numero uno nel tuo settore oggi significa proprio prendere possesso di una, due o tre parole al massimo nella mente dei tuoi clienti.

Quanto più sei percepito come esperto in una determinata cosa, più quella diventerà la parola che le persone assoceranno alla tua azienda o al tuo prodotto /servizio. Ad esempio, se hai una società di trasporti e sei esperto nel trovare la soluzione agli imprevisti senza costi aggiuntivi e in tempi brevi, nei tuoi video su YouTube, per creare un'associazione mentale nei tuoi clienti, potresti utilizzare questa frase: "Trasporti a imprevisti zero".

In questo modo, per i tuoi contatti, tu e i tuoi prodotti o servizi sarete la garanzia degli zero imprevisti nella gestione del traffico per le consegne. Se sarai davvero bravo a mantenere quello che prometti di fare, ogni concorrente verrà sempre al secondo posto rispetto a te, perché tu hai conquistato per primo quelle parole nella mente dei tuoi clienti o dei tuoi potenziali clienti.

Quando nei tuoi video utilizzi le parole che ti identificano sul mercato, devi tenere ben presenti 3 parole chiave:

Semplicità

Per condizionare la mente dei tuoi clienti, le parole da utilizzare nei tuoi video devono essere innanzitutto semplici, come nell'esempio "Trasporti a imprevisti zero". Questo perché ogni giorno siamo bombardati da migliaia di parole, e non puoi correre il rischio che quelle che intendi utilizzare siano scartate dai tuoi contatti; non puoi permetterti di veicolare parole complicate, troppo tecniche o difficili da capire o pronunciare. Devono essere assolutamente comprensibili a tutti e rendere subito chiaro ciò in cui sei bravo.

Unicità

Se vuoi che i tuoi clienti pensino automaticamente a te quando devono risolvere un loro problema o soddisfare uno specifico bisogno, i tuoi video devono far capire che tu sai agire in modo decisamente migliore rispetto a quanto fa la concorrenza. Nel caso dell'azienda di trasporti, per esempio, si può scegliere di far capire come gli imprevisti vengano risolti in modo più veloce, creativo ed economico rispetto ai concorrenti.

Una volta stabilite le abilità in cui sei più bravo degli altri, devi farle emergere nei tuoi video, ad esempio con una video-storiella che in pochi minuti mette in scena lo specifico modo veloce, creativo ed economico con cui risolvi un imprevisto tipico del tuo settore.

Memorabilità
Ci sono diversi trucchetti per rendere memorabili – e quindi virali – i video e farli entrare nella mente dei tuoi clienti. Uno di questi è ricorrere a qualcosa che non si aspettano, o un elemento di disturbo. Nell'esempio dei trasporti, nel video da far circolare su YouTube, si può scegliere di enfatizzare un problema che l'azienda è invece in grado di risolvere, rappresentando per esempio la scena di un mezzo in avaria per cause di forza maggiore, ad esempio le intemperie, e la consegna dei prodotti che avviene con un drone o con un mezzo adatto a circolare sulla neve.

Un video del genere rende l'impatto delle parole "Trasporti a imprevisti zero" ancora più forte. Un altro suggerimento è di condividere il concetto che progressivamente accumuliamo un know-how nella nostra professione, che facciamo errori ma ne traiamo insegnamento, che seguiamo corsi di aggiornamento, leggiamo libri. L'obiettivo è condividere le proprie conoscenze, fornendo dimostrazioni pratiche di ciò che si sa fare, tramite video su YouTube.

SEGRETO n. 3: fai video di ciò in cui sei esperto inviando un messaggio chiaro basato su 3 fattori chiave: autorità, unicità e memorabilità.

Con i propri contatti bisogna creare una relazione che vada oltre la semplice vendita, in modo che li trasformi prima in follower e poi in clienti e fan. Significa trasformare le proprie vendite in un'esperienza educativa per i propri clienti. Perciò dobbiamo condividere le nostre conoscenze – all'inizio in forma gratuita e, solo in un secondo momento, a pagamento – sia attraverso i video, sia con la creazione di blog, facendo un uso intelligente dei social network.

Far comprendere in modo potente a chi ci segue che ciò che sappiamo fare può essergli di grande aiuto per risolvere uno specifico problema o per soddisfare un certo bisogno aumenta, ai suoi occhi, la nostra autorevolezza, la nostra credibilità, la nostra unicità, tutti elementi acceleratori delle vendite.

In altre parole, creare un'esperienza educativa per i nostri clienti significa tenere per mano i nostri contatti nel percorso che li porterà a capire che sappiamo risolvere i loro problemi meglio di chiunque altro e che per questo non possono fare a meno di noi, di ciò che conosciamo, di ciò che sappiamo fare e del modo in cui lo facciamo.

La vendita è incentrata sul concetto di dare prima di vendere; il cliente di oggi è molto diverso rispetto al passato: se cerchiamo di vendere ai nostri contatti bruciando le tappe, otterremo risultati scarsi. Per far sì che ci consideri i migliori, dobbiamo metterlo in condizione di capirlo, offrendo un assaggio dei nostri prodotti o servizi, che può essere non solo fisico, ma anche digitale, ad esempio sotto forma di ebook, videoconferenza o file audio.

L'erogazione di "omaggi" digitali è possibile non solo nel caso di venditori di servizi, ma anche nel caso di prodotti fisici. Ad esempio, un rivenditore di pollo potrà diffondere, sotto forma di video o di ebook, un contenuto di valore sui diversi modi di cucinare il pollo, con le varie possibilità sia per i piatti da realizzare velocemente tutti i giorni sia per quelli più elaborati da preparare in occasione delle festività. In questo modo portiamo i nostri contatti a dire: «Ah, però, non pensavo che il pollo si potesse cucinare in questo modo, non l'avrei mai immaginato, in effetti potrei cucinarlo anch'io così... Lo compro!»

SEGRETO n. 4: prima di vendere il prodotto, devi saper vendere le informazioni attraverso un assaggio dei prodotti, anche in forma digitale.

Il gioco è fatto: la condivisione gratuita si trasforma in vendita! Più le persone possono sperimentare quanto e perché sei il migliore, più cercheranno te invece dei concorrenti. Il bello di questa formula di vendita è il fatto di essere basata sul condividere e sul dare e non più sull'essere costretti a dover spingere o a convincere a tutti i costi.

Invece di lanciare l'amo verso un pubblico ampio e indifferenziato, di cui non si sono potuti individuare gli specifici bisogni e problemi, condividendo con i propri contatti informazioni di rilievo – come nell'esempio del pollo – il venditore mano a mano accumula un nucleo di fan che imparano ad apprezzarne le capacità, la professionalità e l'unicità nel fare una specifica cosa.

Fidandosi di questo in modo esclusivo, saranno fedeli nel tempo. Comprare da lui è *in primis* un vantaggio per loro! Questo processo educativo invita a vedere i propri contatti non come clienti ma, per prima cosa, come studenti in senso lato: ossia come persone a cui iniziare a dare valore indipendentemente dal fatto che poi compreranno o no.

Seminare oggi, dando valore gratuito, per raccogliere fatturato domani non è sempre facile per il professionista della vendita, perché l'orientamento il più delle volte è al guadagno immediato. Ma nel mercato di oggi è questa la sfida che il venditore deve avere il coraggio di affrontare, comprendendo che creare e condividere valore serve a rendere le vendite più facili perché sono i clienti che finiscono per vendere al suo posto.

Un altro strumento straordinariamente potente per aumentare la tua attendibilità agli occhi del tuo potenziale cliente, oltre che per legarlo a te da un punto di vista emotivo, è lo storytelling. A nessuno piace che gli si dica cosa fare e tanto meno che gli si dica di acquistare qualcosa, ma se lo stesso messaggio è diffuso attraverso una storia, meglio se personale, legata alla propria esperienza o a quella di persone a vicine, la sua reazione sarà molto diversa.

Usare una o più storie personali nel processo di vendita permette di far capire ai clienti che si possono fidare di te, perché tu per primo hai vissuto il loro problema e lo hai risolto proprio usando i prodotti/servizi che offri. Inoltre, raccontando una storia aiuti i clienti a ricordare meglio il tuo messaggio e quindi anche te. La storia deve essere la dimostrazione pratica del fatto che sei diventato esperto in una determinata cosa e che, proprio per questo, ci si può fidare di te. Nella storia devi dare l'impressione che hai effettivamente una determinata esperienza, ad esempio mostrando testimonianze di persone che hanno messo in pratica i tuoi insegnamenti o che hanno utilizzato i tuoi prodotti o servizi.

Devi inoltre far capire cosa ti ha motivato o ispirato a diventare esperto in quella cosa, qual è stata la scintilla che ti ha portato a diventare ciò che sei oggi; questo va a stimolare le emozioni del potenziale cliente e lo lega di più a te. Nello svolgersi, la storia deve fornire una lezione importante. Se ci si ferma al punto precedente, si rischia che diventi un trattato narcisistico su quanto si è bravi a fare una determinata cosa.

Questo è un errore e allontana le persone da noi e da ciò che vendiamo, perché la gente si annoia di fronte all'autocelebrazione, e laddove non si annoia, assume un atteggiamento di resistenza e si mette sulla difensiva. Ciò che devi fare, pertanto, è rendere il pubblico a cui ti rivolgi il centro della tua storia.

Anche quando parli di te, devi mettere in risalto il problema o la situazione in cui si può identificare il tuo pubblico. Solo riconoscendosi in quella situazione, infatti, inizierà a drizzare le orecchie, abbandonerà ogni possibile resistenza e diventerà pronto ad aprirsi a te e alla soluzione che proponi o alla lezione che dai nel corso della tua storia.

SEGRETO n. 5: racconta la storia della tua esperienza sui prodotti e i servizi che offri nello spirito di dare le giuste informazioni per aiutare gli altri e di suscitare curiosità.

Un'altra cosa importante è che la storia sia raccontata in maniera da non svelare tutto subito; deve quindi suscitare curiosità e non essere prevedibile. D'altro canto, questo è anche quello che più apprezziamo nei film che guardiamo in Tv o al cinema. Più la storia crea suspense, più non si è sicuri di come andrà a finire e più si desidera arrivare alla fine del film.

Teniamone conto anche nello storytelling per la vendita, poiché le due cose funzionano allo stesso modo. Ad esempio, sollevare interrogativi nella mente del proprio pubblico, senza svelare subito la risposta, è uno dei modi per evitare di essere prevedibili e per mantenere l'attenzione alta fino alla fine.

In altre parole, attenzione a non spiegare troppo e soprattutto subito! Altrimenti il pubblico si annoierà, non seguirà fino in fondo il messaggio che vuoi trasmettergli e non arriverà alla vendita vera e propria che a un certo punto gli farai. Inoltre, quando si racconta una bella storia, bisogna dare spazio ai dialoghi tra i personaggi, preferendoli alla semplice narrazione, più monotona e noiosa. Il dialogo tra i personaggi rende tutto più vivo per chi legge o chi ascolta e suscita emozioni attraverso le sensazioni raccontate direttamente dai personaggi stessi, creando maggior identificazione e, ancora una volta, più legame. Nel fare questo, un'altra dritta consiste nel descrivere i personaggi in modo che il pubblico possa vederli anche se non si tratta di una video-storia, immaginarli e mantenere quella storia più impressa nella loro mente.

Infine, in ogni storia che si rispetti deve esserci un avversario contro il quale combattere. Per esempio, chi offre servizi di trasporto, avrà come avversario il "non poter consegnare le merci da un punto a un altro". Tutta la storia deve essere quindi sviluppata mettendo in risalto la lotta tra te e le tue soluzioni, ossia l'avversario. Più aumenta, nel corso della storia, l'intensità di questo conflitto, maggiore ne sarà l'impatto e l'indispensabilità.

Imparando a raccontare le storie in modo costante nel tuo

processo di vendita, riuscirai a potenziare sempre di più la posizione nel tuo settore, perché i tuoi contatti ti percepiranno come fonte affidabile di informazioni e come soluzione alle loro sfide. Quindi, dare più contenuti, fare la pubblicità, indirizzare l'utente verso la home page per chiedere le informazioni – come nome e azienda – e non cercare di vendere subito, ma mettere in piedi una campagna pubblicitaria su multipli media.

Ciò che funziona è fare una mini produzione, ovvero realizzare una campagna, aggiungere valore per acquisire il cliente. Se hai un servizio/prodotto del valore di oltre 500 euro, ti consiglio di fare una call ai potenziali clienti. Se invece hai già un contatto, il cliente è interessato alla tua proposta. Oggi per cacciare si può usare la tecnologia, non servono più gli agenti di vendita; YouTube è il secondo motore di ricerca al mondo per ingaggiare i potenziali clienti.

Su YouTube le persone vogliono scegliere e il contenuto è la risposta per soddisfare un loro bisogno. Ci sono svariate modalità per pubblicizzare su YouTube. Spesso la pubblicità risulta irritante perché non è pertinente. Se l'utente clicca e guarda il video pubblicitario, si paga, altrimenti, se viene interrotto prima di 30 secondi, non ci sarà nessun addebito.

Se YouTube è una piattaforma adatta a cercare una risposta, Facebook è un motore di ricerca che permette di conoscere cosa piace alle persone e proporre le proprie idee; YouTube è ricerca mentre Facebook trova le persone.

SEGRETO n. 6: no al tutto e subito: crea curiosità e descrivi i personaggi della storia; fornisci più contenuti e diventa una fonte affidabile per i tuoi clienti.

Infusion marketing, Sito Vivo Web Marketing e Instagram ti permettono di fare pubblicità ed entrare nei social. Cosa ti serve per creare un contatto? Devi offrire una cosa a basso prezzo, o gratis, devi dare gratuitamente un contenuto o altro che possa generare un rapporto. Dare qualcosa che può risolvere un problema è una calamita che attira il contatto. Lead Marketing: offri un libro gratis con il costo della spedizione a carico dell'acquirente e, in questo modo, generi un contatto con la probabilità che il cliente acquisti altri prodotti. Acquisition

Marketing: piattaforma dove offri un servizio/prodotto a basso costo.

Lo sfondo di un'immagine deve essere sempre bianco, batte tutti gli sfondi perché risulta pulito, nitido. Di' al cliente di cliccare sul tuo link e di registrarsi: a questo punto entra nel tuo portafoglio clienti! L'obiettivo è trovare i fan. Essi diventano delle testimonianze che parlano di te e della tua performance professionale, del tuo punto di forza, e possono fornirti i risultati ottenuti dalle loro votazioni da 1 a 10.

Ricorda che i voti da 1 a 5 sono quelli degli insoddisfatti, 6 è un numero neutro, da 7 a 8 sono quelli dei parzialmente soddisfatti, 9 dei soddisfatti e 10 vuol dire che hai acquisito un fan. Quando sei conosciuto, è necessario migliorare lo standard e agire in modo che il business venga da te. Devi diventare cacciatore di consumatori. Un approccio che prelude all'insuccesso è quello di inviare una lettera di vendita o una brochure.

Le persone all'inizio non sono interessate all'acquisto, sono scettiche, perciò è un metodo che non garantisce ottimi risultati.

Solo dopo avere ottenuto fiducia è possibile vendere! Per fare vendite devi essere incentrato su un contenuto che risolva le problematiche e dia l'accesso alle informazioni gratuitamente. Devi informare e dare la certezza di essere esperto nel tuo settore. Risultare esperti significa avere idee e creare valore.

L'esperto è un *problem solver*. Devi essere in grado di comunicare le idee acquisite e accettate dal tuo management e dai tuoi clienti.

La comunicazione deve avere:
1. *Impatto.* Le persone sono distratte, quindi bisogna interrompere ciò che fanno, emulando il guru Anthony Robbins che interrompe lo stato d'animo della persona che ha davanti portandola da un atteggiamento depresso fino a

un'esplosione di orgasmo. La prima cosa che devi fare è spezzare lo schema. Le persone che guardano il video devono rimanere scioccati, gli esperti amano sfidare lo "Status Quo".
2. *Creare informazione – "Inform"*. Le informazioni che devi diffondere dopo l'impatto sono quelle dei *valori*. L'informazione deve essere presentata e organizzata come un sistema.
3. *Ispirare*. Devi alimentare e implementare le idee. Vuol dire che devi sviluppare la capacità di narrare le storie e gli aneddoti. Sono le storie che vendono, perciò devi sviluppare la storia della tua azienda e di ciò che vuoi fare, una storia di prodotti o servizi che migliorano il successo. Usa 3 scenari:
   A. il problema;
   B. dove si trova il problema;
   C. la soluzione e le idee.
4. *Influenza*. Devi vendere il cambiamento non il prodotto o il servizio.

SEGRETO n. 7: la tua comunicazione deve informare, impattare, ispirare, influenzare.

RIEPILOGO DEL CAPITOLO 7:

- SEGRETO n. 1: nell'industria 4.0 è necessario utilizzare le piattaforme blog e social per condividere i contenuti e avere un metodo mirato ai potenziali clienti.
- SEGRETO n. 2: utilizza le piattaforme per comunicare le tue campagne pubblicitarie e produci video real-time su YouTube.
- SEGRETO n. 3: fai video di ciò in cui sei esperto inviando un messaggio chiaro basato su 3 fattori chiave: autorità, unicità e memorabilità.
- SEGRETO n. 4: prima di vendere il prodotto, devi saper vendere le informazioni attraverso un assaggio dei prodotti, anche in forma digitale.
- SEGRETO n. 5: racconta la storia della tua esperienza sui prodotti e i servizi che offri nello spirito di dare le giuste informazioni per aiutare gli altri e di suscitare curiosità.
- SEGRETO n. 6: no al tutto e subito: crea curiosità e descrivi i personaggi della storia; fornisci più contenuti e diventa una fonte affidabile per i tuoi clienti.
- SEGRETO n. 7: la tua comunicazione deve informare, impattare, ispirare, influenzare.

Capitolo 8:
Come generare ricchezza

L'obiettivo è ottimizzare la qualità della tua vita, e include anche aiutarti a trovare le risposte. Non si tratta di insegnarti come sopravvivere, ma come avere successo, che è diventato un bisogno primario. Con gli argomenti che saranno trattati in questo capitolo, desidero aiutarti a trovare la risposta a come ottenere il massimo con semplici passi.

L'azione concreta, che metto in atto da anni, consiste nel creare l'approccio mentale giusto per attirare e aumentare la ricchezza e costruire le fondamenta per raggiungere una straordinaria forma mentale. Per andare avanti con la sicurezza e la fiducia in se stessi, nelle azioni che si intraprendono e nelle decisioni che si assumono.

Come sappiamo, 80% è psicologia e un misero 20% è meccanica. Con questa percentuale ho iniziato a condizionare la mia mente, tutti i giorni, fino a plasmarla, e in seguito ho iniziato a fare un piano con le dovute strategie e misurazioni costanti. Quindi ho creato un'attitudine mentale. Quello che crea cambiamento, nella vita, è l'inversione nell'azione. Sono dovuto uscire dalla mia zona di confort per andare a frequentare corsi e seminari al fine di ottenere il meglio, ho dovuto affrontare lunghi viaggi e investire tempo e denaro.

Come fai a sapere se sei veramente ricco? Quando il tuo denaro ti permette di prenderti cura di te stesso, in quel caso sei ricco, altrimenti vivi un momento di benessere. Ho incontrato una persona che mi ha fatto riflettere sulla ricchezza. Mi ha detto: «Vedi Salvy, ti mostro cosa significa essere ricchi: non è solo avere molti più soldi, è possedere la ricchezza più importante, ossia il tempo a disposizione da condividere con un amico, con la persona che ami o con i tuoi figli».

Ti ringrazio per il tempo che mi hai dedicato. Desidero dirti che, mentre abbiamo trascorso un'ora insieme, io sono più ricco da quando ci siamo incontrati, significa che i miei conti correnti sono progressivamente aumentati. La vita ti dà la lezione, la vita è potere quando diventa azione. Devi imparare a gestire il denaro, e non è come andare in auto, perché esistono schemi mentali che ti realizzano e ti rendono ricco. La ricchezza è 80% psicologia e 20% meccanica.

Ho un cliente che è un genio, oltre che molto ricco; non ha bisogno di motivazione, è il *progresso* che lo rende felice. Aggiungi valore e fai più degli altri. Quando aggiungi valore soddisfacendo i 6 bisogni umani (4 personali e 2 spirituali), le persone che frequenti o i tuoi clienti diventano tuoi fan. La confusione significa che stai per imparare qualcosa e se sei in quello stato diventerai più curioso e avrai successo.

SEGRETO n. 1: cercare le giuste risposte è il successo; ricorda: l'80% è psicologia e il 20% è meccanica.

I sei bisogni umani di Tony Robbins:
1. *Certezza/Confort*. Capacità di evitare il dolore e ottenere piacere, capacità di generare, eliminare o evitare lo stress oppure di creare, aumentare o intensificare il piacere.
2. *Sicurezza/Sopravvenienza*.

3. *Incertezza/Varietà*. Sorpresa, diversità, differenza, sfida, eccitazione, varietà e novità sono il sale della vita.
4. *Importanza*. Sentirsi necessari, avere uno scopo, avere un significato, unicità.
5. *Amore/Connessione*. Legame, unità, condivisione, intima sensazione di appartenenza e di essere una cosa sola.
6. *Crescita* (spirituale).
7. *Contribuire*. Dare a coloro che hanno bisogno.

Ricchezza equivale a dare, contribuire e dare valore a ciò che fai. L'indipendenza finanziaria è un'altra cosa, ma si parte con la mentalità della ricchezza e la ripetizione che diviene maestria, che si suddivide in maestria cognitiva (capire le cose) e maestria emotiva (collegare le conseguenze di quello che si è imparato). Le conseguenze possono dare piacere o dolore, dipende da ciò che fai con le tue scelte. E poi maestria fisica, fare "in automatico": è come fare il nodo alla cravatta o allacciare le scarpe o guidare l'auto e, mentre guidi, rispondi al telefono, bevi acqua o invii un messaggio.

Come essere umani cerchiamo sempre le strade più semplici e, invece di applicarci per conoscere le regole del gioco, di solito deleghiamo agli altri. Si deve utilizzare la mente e condizionarla ad amare i numeri, si devono dominare, conoscere e bisogna essere in uno stato mentale elevato, cercare di sfruttare il massimo, immergersi con tutto il corpo e l'anima fino in fondo.

SEGRETO n. 2: applica i 6 bisogni umani e avrai successo.

Ora desidero focalizzarti su 26 punti per riflettere:
1. Energia (spiritualità + sport + alimentazione).
2. Concentrazione (scrivere, scrivere, scrivere).
3. Azione (perseverare, perseverare, perseverare).
4. 80% psicologia (plasmare, plasmare, plasmare).
5. Sei stipendiato, sei "povero" (seconda attività).
6. Aggiungi valore (ama gli altri).
7. Soddisfa i 6 bisogni umani.
8. Ricchezza è dare, contribuire, dare + valore (semina nell'universo).
9. Ripetizione è l'arte della maestria (almeno 5 volte per comprendere se sei nella giusta direzione).
10. Maestria cognitiva (comprendere le cose).

11. Maestria emotiva (collegare tutto ciò che hai appreso)
12. Le conseguenze possono essere di piacere o di dolore, dipende dalle tue scelte.
13. Maestria fisica (informazioni che ti fanno agire "in automatico").
14. Anticipare (giocare sempre d'anticipo, riuscire a conoscere le informazioni giuste prime degli altri).
15. Plasmare la tua mente (condizionare).
16. Amare i numeri.
17. Livello di umore (devi monitorare costantemente il tuo livello di umore e agire per farlo aumentare).
18. Ciò che guadagni suddividilo in 50% alla crescita e 50% ai bisogni (paga prima te stesso, inizia ad accantonare una parte del tuo stipendio – inizialmente l'1%, poi il 5 % fino a raggiungere 10% – e ciò ti porterà ad avere un futuro migliore).
19. Il fallimento non esiste, esiste la paura di fallire.
20. Successo significa spiritualità, gratitudine.
21. Ricchezza significa più amore, più emozioni, più relazioni, più tempo libero, più lavoro (se lo fai con passione).
22. Spiritualità è contribuire e festeggiare.

23. Mentalità: creare la giusta mentalità, fare anche con piccoli cambiamenti, creare abbondanza.
24. Il talento c'è, ma è la "mentalità vincente" a vincere la medaglia d'oro.
25. La conoscenza è potere solo se agisci.
26. Pianificazione + strategia + azione equivale a successo.

SEGRETO n. 3: focalizzati sui 26 punti per avere un futuro straordinario.

RIEPILOGO DEL CAPITOLO 8:

- SEGRETO n. 1: cercare le giuste risposte è il successo; ricorda: l'80% è psicologia e il 20% è meccanica.
- SEGRETO n. 2: applica i 6 bisogni umani e avrai successo.
- SEGRETO n. 3: focalizzati sui 26 punti per avere un futuro straordinario.

Conclusione

La prima volta in cui ho affrontato la sfida mentale del mio cambiamento ho resistito strenuamente prima di gettare la spugna, persistendo fino al successo. Questa sfida è diventata un'esperienza che mi ha cambiato la vita. So che, con uno spirito diligente, può darti lo stesso livello di libertà che ha dato a me. E ora vorrei offrirti un tipo diverso di sfida, un invito a mettere in atto quanto hai appreso da questo libro.

La mia missione di vita è dare, perciò mi sono posto alcune domande. Se il buon Dio fosse al mio posto, cosa scriverebbe in questo libro? Come posso ricambiare l'universo per ciò che mi ha donato? Come posso aiutare più persone senza che debbano sostenere somme elevate per frequentare i seminari? Queste domande mi hanno stimolato a scrivere, con l'idea che uno dei modi migliori per risolvere i nostri problemi, per creare la nostra felicità, è aiutare qualcuno che si trova in una situazione peggiore della nostra. Quando incontro le persone che si lamentano della propria situazione familiare o finanziaria, la prima cosa che faccio è aiutarle a interrompere la loro abitudine mentale. Dico loro di dimenticare i problemi per un paio di giorni, di cercare qualcuno che si trova in una situazione peggiore di loro e di aiutarlo a stare meglio.

Se hai perso il lavoro, cerca una persona che ha perso il figlio, come quella famiglia di cui ho parlato. Se lotti per arrivare alla fine del mese, cerca una persona che sopravvive in strada con il freddo e il gelo. Se ti stai preparando per un esame all'università ed è dura raggiungere il risultato, trova qualcuno che riceve sostentamento solo dalle mense dei poveri e ricordati di quanto sei davvero fortunato.

Nei prossimi tre giorni fai delle azioni di volontariato, dai un piccolo aiuto a qualcuno che conosci o trova una casa di riposo e vai a trovare le persone che soffrono di solitudine, ascolta i loro racconti di vita o i loro problemi. Cosa pensi che significhi per quelle anime trovarsi davanti una persona totalmente sconosciuta che se ne prende cura?

Ho cercato di dare le basi di partenza in ogni area della vita, grazie alla mia costanza e perseveranza nel frequentare seminari con i coach di fama mondiale. E, così facendo, ho reso possibile una vita straordinaria a me stesso, ai miei familiari e ai miei amici.

«Incontriamoci con un sorriso e, una volta che avremo cominciato l'uno con l'altro ad amarci, diverrà naturale fare qualcosa per gli altri. Quello che noi facciamo è solo una goccia nell'oceano, ma se non lo facessimo l'oceano avrebbe una goccia in meno» (Madre Teresa).

Spero di conoscerti personalmente. E possa esserci il sole nella tua vita.

Salvy Cortesini

Fai riferimento ai seguenti capitoli per dare inizio a una nuova vita: "Come innescare l'azione"; "Il potere è dentro di te"; "Come ci controllano le convinzioni".

Salvatore.cortesini@icloud.com
Facebook Salvatore Cortesini

Ringraziamenti

Desidero ringraziare tutte le persone che lavorano presso Bruno Editore e che hanno contribuito alla stesura di questo libro, e gli straordinari formatori mondiali come Anthony Robbins, Robert Allen, Deepak Chopra, Andy Harrington, Brian Tracy, Robert Cialdini, Robin Sharma, Martin Lindstrom, David Meerman Scott, Carmine Gallo, che hanno contribuito, in questi ultimi cinque anni, alla mia performance personale e professionale.

Un ringraziamento particolare è dovuto a mio figlio Renato, ragazzo straordinario che ha introdotto nel mio stile di vita il percorso formativo; se non ci fosse stato il suo contributo, tutto ciò non sarebbe stato possibile.

Ringrazio tutti i lettori che acquisteranno questo libro per migliorare la propria vita e quella degli altri. Auguro a tutti una vita straordinaria!

Ricorda che le risorse disponibili in questo libro, per quanto siano grandi, da sole non creano il miglioramento. Tu sì. Che Dio ti benedica!

Salvy

www.ingramcontent.com/pod-product-compliance
Lightning Source LLC
Chambersburg PA
CBHW070506090426
42735CB00012B/2680